建築紛争から学ぶ設計実務

負けない設計者になるために

日本建築学会　編

丸善出版

まえがき

　建築設計は、公共的価値を創造するという社会貢献度・充実度の高い仕事である。そして、そのことを設計に従事する人間は喜びと感じ、生きがいとしている。一方、設計という行為は多くのリスクを内包しており、生産上の失敗も起こりうる。それらのリスクが顕在化したときに人を不幸に招くこともある。万が一、建築物の不具合や生産上のトラブルが生じれば、責任をとらなければならない。設計という仕事をたった一人で行うことは困難であり、ましてそれを空間として、建築物としてつくりあげるには、多くの技術者や建設にかかわる専門家の協力が不可欠である。そして、建築物ができあがったときには、社会的な環境の一部として存在することになり、運営・管理に携わる人々や利用者といった多くの人々が関係する。つまり、多くの人との協同が必要であり、それは同時に多くのリスクが発生する。

　設計者や建築主、建築生産に携わる人々の間の信頼関係はさまざまな形で破綻を来すときがある。たとえば、設計や施工が完了しても建築主の何らかの不満から、設計料の支払いが滞ることや設計ミス（瑕疵）として訴訟を提起されることがある。施工における不具合も設計上の問題として判断される場合もある。このように多くの建築設計者が少なからず信頼関係の揺らぐ場面に直面してきた。「幸せな仕事を幸せに終わるためにはどうしたらよいか」というテーマは重要な命題となっている。

　本書は、建築設計者として多岐にわたるリスクに負けず建築設計者の尊厳を守りながら、より良い建築環境を構築し社会に貢献するためにはどうしたらよいかという課題を、建築紛争という切り口から考えるテキストとして構想された。

　まず、第Ⅰ編では建築設計者という職能を改めて見つめ直し、それらにかかわる法規について概観していく。次に、第Ⅱ編で設計・監理業務の曖昧な業務範囲を国土交通省告示第15号という点から整理し、多くの設計者を悩ませているであろう契約と報酬について学ぶ。第Ⅲ編では、賠償責任能力を担保する保険制度、確認申請等の法的手続きとその責務を取り上げ、そして設計・監理業務を遂行する上での責任をまとめている。第Ⅳ編では建築紛争となった際の解決に触れている。訴訟をはじめとした法的な解決方法やADRに関する基礎知識を解説し、建築紛争の事例からトラブルを防ぐポイントを考えていく。紛争のリスクに対する備えとともに、より確かな設計・監理業務とはなにか、どのように業務と向き合えばよいのか、全編を通して建築の設計を行う上でもっとも基本的な事柄に踏み込んだ内容となっている。

　従来、わが国の大学や大学院における設計教育では、デザインの方法論や計画学等を学ぶ傾向にあり、建築主から設計依頼を獲得する方法や、リスクに対する法的防御等について学ぶ機会が少な

かった。しかし、建築設計も複雑化、高度化する中で、その設計の質を高め、実現可能なものとするためにも、関係者との信頼関係の築き方や設計実務における法的防御について、学生のころから学ぶことが重要であろう。諸外国ではこれらのことを専門職大学院等で教えられてきたこともあり、わが国においても学習する環境やテキストの必要性が増してきていると思われる。

そのような背景の中で本書の目的は、現在、建築設計に従事する方々の日々の業務の手助けとなるだけでなく、大学や大学院の実務教育、またインターンシップを受け入れる建築士事務所の実践教育の一助となることである。建築設計を職業とする方々、また建築設計者を目指す方々のリスクに対する心構えや紛争を回避するための実践的理解に役に立つことを願うものである。

今回、建築士事務所以外にも教育的観点から大学や専門教育の場で本書を活用していただくことを考え、丸善出版株式会社に出版をお願いした。日本建築学会司法支援建築会議事務局の川田昭朗氏には適切なスケジュール管理と本書の教科書としての広い周知の方法の検討等に努力いただいた。また、丸善出版株式会社の有上希実さんには建築学科出身の若い編集者として、読者の視点から多くのアドバイスをいただいたことに深く感謝したい。

2015年3月

「建築紛争から学ぶ設計実務」編集委員会
主査　仙田　満

執筆者一覧

日本建築学会司法支援建築会議
「建築紛争から学ぶ設計実務」編集委員会

主査　仙田　満（1, 2, 3, 12, 14 章）
環境建築家、環境デザイン研究所会長、最高裁判所・裁判の迅速化に係る検証に関する検討会委員。東京工業大学卒業。菊竹清訓建築設計事務所を経て、1968年環境デザイン研究所を設立。工学博士。琉球大学・名古屋工業大学・東京工業大学・放送大学教授、日本建築学会会長、日本建築家協会会長、日本学術会議会員を歴任。

幹事　三栖邦博（5, 6, 7, 13 章）
日本建築士事務所協会連合会名誉会長、ニューオフィス推進協会会長。東京工業大学卒業、イリノイ工科大学大学院修了。SOMシカゴ事務所を経て1968年株式会社日建設計入社、社長、会長を歴任。東京工業大学講師、社会資本整備審議会・中央建築士審査会各委員を歴任。2011年藍綬褒章受章。

　　　後藤伸一（9, 10 章）
ゴウ総合計画株式会社代表取締役。早稲田大学大学院修士課程修了。前川國男建築設計事務所を経て現職。中央建設工事紛争審査会特別委員、東京地方裁判所調停、専門委員、東京都建築紛争調停委員会委員、早稲田大学、明治大学大学院、千葉工業大学大学院他講師。

委員　有田桂吉（2, 3 章）
石本建築事務所監査役、有田まち・すまい計画主宰。東京工業大学理工学部建築学科卒業後、各種建築の設計・監理、各地における市街地再開発事業に従事。著書に『公民館・コミュニティセンター』、『公共ホール・文化センター』（いずれも市ケ谷出版社）等。

　　　上垣内伸一（5, 7, 13 章）
ウエガイト建築設計事務所代表取締役。千葉大学大学院工学研究科修了。一級建築士。團紀彦建築設計事務所等を経て現職。千葉大学工学部デザイン工学科等で非常勤講師を務め、現在、芝浦工業大学工学部建築工学科非常勤講師。

　　　大森文彦（11 章）
東洋大学法学部教授、弁護士および一級建築士。中央建設工事紛争審査会委員、社会資本整備審議会委員、最高裁判所建築関係訴訟委員会委員、中央建築士審査会委員等を務める。著書に『新・建築家の法律学入門』（大成出版社）など。

　　　川上正倫（1, 2, 3, 12, 14 章）
101design一級建築士事務所共同主宰。一級建築士。東京工業大学大学院総合理工学研究科博士課程修了、博士（工学）。101design一級建築士事務所設立し現職。ものつくり大学、多摩美術大学非常勤講師を務める。

澤田正樹（8章）
日本ERI株式会社。一級建築士、設備設計一級建築士、住宅性能評価員、BELS評価員。東京工業大学大学院理工学研究科建築学専攻修了後、清水建設株式会社設計部にて意匠設計業務を経て、現職である指定確認検査機関にて確認業務に従事。

清水貞博（6, 12章）
有限会社atelierA5建築設計事務所代表取締役。東京工業大学大学院理工学研究科修了後、大成建設株式会社本社設計本部を経て現職。GOOD DESIGN賞、東京建築士会住宅建築賞等を受賞。住宅を中心に事務所ビルや商業施設、病院、家具等の設計活動に従事。

左　知子（4章）
左知子建築設計室主宰。日本女子大学家政学部住居学科卒業。中央建設工事紛争審査会、東京地方裁判所の建築にかかわるトラブル対応に協力。共著として『手抜きをさせない家づくり』(主婦と生活社)『欠陥住宅の見抜き方・直し方』(同文館)。

松原忠策（13章）
東京地方裁判所専門委員、法務省ADR認証審査参与員。早稲田大学第一理工学部建築学科卒業後、株式会社松田平田設計にて、日本銀行本店、茨城県庁、埼玉県武道館等多数の建築設計に従事、同時に日本建築学会副会長、日本建築家協会関東甲信越支部長等を歴任。

＊50音順、2015年3月現在

目　次

第Ⅰ編　　建築設計者の職能と建築紛争 ———————————— 1

1章　背景と目的　　3

1-1　本書の背景　3
　1-1-1　建築設計者の法的立場の確立　3
　1-1-2　建築設計者の劣化と教育の問題　3
1-2　建築設計者が目指すべき方向　5
　1-2-1　建築設計者の資格と職能　5
　1-2-2　建築設計者、技術者に対する社会的イメージ　6
　1-2-3　建築設計者の責任　6
　1-2-4　設計行為が抱えるリスク　7
　1-2-5　コミュニケーション力の必要性　8
　1-2-6　21世紀の建築設計者として　8
1-3　本書の目的　10
　1-3-1　信頼される建築設計者となるために　10
　1-3-2　リスクマネジメントの重要性　11
　1-3-3　建築紛争への取組み　11
　1-3-4　実務教育・学習のツールとして　12

2章　建築紛争の特徴　　13

2-1　建築紛争の概況　13
　2-1-1　建築紛争処理のしくみ　13
　2-1-2　建築関係訴訟の現状　13
2-2　建築職能における法的防御の必要性　17
2-3　建築紛争の関係者とその傾向　18
　2-3-1　建築紛争の関係者　18
　2-3-2　建築紛争の傾向　18
　2-3-3　建築紛争における意識の相違　20

3章　建築生産における紛争リスク　　21

3-1　建築生産とその関係者　21
　3-1-1　建築生産の流れ　21
　3-1-2　建築生産に携わる人々　21

3-2　建築生産関係者の選定と紛争リスク　23
　3-2-1　設計者の選定　23
　3-2-2　監理者の選定　24
　3-2-3　施工者の選定　25
3-3　建築生産を取り巻く環境の変化　28
　3-3-1　建築の法的環境の変化　28
　3-3-2　建築生産の環境変化　32
　3-3-3　社会背景の変化とリスクの拡大　33

第Ⅱ編　設計者、監理者としての業務と契約　　35

4章　設計・監理の業務範囲　37
4-1　設計の段階と設計図書　37
　4-1-1　設計とは　37
　4-1-2　設計前業務を加えた「設計の段階」　37
4-2　設計図書の役割　44
　4-2-1　設計図書とは　44
　4-2-2　仕様規定と性能規定　44
　4-2-3　設計図書が引き起こすトラブル　45
　4-2-4　設計図書と裁判　45
4-3　監理の役割　47
　4-3-1　監理方式　47
　4-3-2　監理と工事監理　47
　4-3-3　工事監理に関する標準業務　47
　4-3-4　竣工図の重要性　49
　4-3-5　引き渡し後の維持　49

5章　設計・監理と業務委託契約　51
5-1　建築と設計・監理　51
　5-1-1　建築の特殊性と消費者保護　51
　5-1-2　設計・工事監理業務と建築士資格　52
　5-1-3　設計・監理業と建築士事務所登録制度　56
5-2　業務委託契約　59
　5-2-1　書面契約の必要性　59
　5-2-2　契約の原則と書面契約　61
　5-2-3　設計・監理者の責務と直接契約　62

6章　業務報酬　65
6-1　業務報酬の適正化　65
　6-1-1　建築士事務所と設計・監理業　65
　6-1-2　業務環境の整備　66
6-2　業務報酬基準　68

  6-2-1 業務報酬基準の変遷 68
  6-2-2 国土交通省告示第 15 号による業務報酬基準 69

第Ⅲ編 設計者、監理者としての業務と責任 ——————— 73

7 章 賠償責任保険 75

 7-1 賠償責任保険への加入 75
  7-1-1 賠償責任保険の必要性 75
  7-1-2 主な賠償責任保険 76
 7-2 賠償責任保険の補償対象 78
  7-2-1 滅失・破損を伴わない補償対象事項 78
  7-2-2 補償対象となる業務・建築物および免責事項 79
  7-2-3 賠償責任保険の具体的適用事例 80

8 章 設計・監理と法規 83

 8-1 建築に係る法規と責務 83
  8-1-1 度重なる法改正と設計者の役割 83
  8-1-2 各種法令による協議と申請 84
 8-2 設計段階の法的関与 85
  8-2-1 行政や近隣住民との協議 85
  8-2-2 単体規定の協議 85
  8-2-3 地方公共団体による制限 86
  8-2-4 事前協議スケジュール例 86
 8-3 確認申請 89
  8-3-1 確認申請の流れ 89
  8-3-2 特定行政庁と指定確認検査機関の違い 90
 8-4 工事着手後の設計変更の法的関与 91
  8-4-1 設計変更に伴う法的関与 91
  8-4-2 各種検査に伴う法的関与 91

9 章 設計・監理の業務責任 93

 9-1 設計・監理の業務と責任の概要 93
  9-1-1 設計・監理業務の前提 93
  9-1-2 設計・監理業務における責任の明確化の視点 93
  9-1-3 設計業務と適切な契約の履行 94
  9-1-4 監理業務と適切な契約の履行 95
  9-1-5 設計・監理における業務のリスクとその対応 96
 9-2 設計・監理業務に伴う責任論の基礎 97
  9-2-1 二つの社会の規範 97
  9-2-2 公法と私法、二つの法的責任 97
  9-2-3 設計・監理業務の公法上の責任（行政処分と行政罰） 98
  9-2-4 設計・監理業務の私法上の責任（契約責任と不法行為責任） 99

9-2-5　設計・監理者の注意義務　100
　　　9-2-6　設計・監理業務で負う責任のまとめ　100

10章　責任論から見た設計・監理業務　——説明責任の根拠、監理責任の範囲など　103
　10-1　設計業務委託契約の考え方と責任　103
　10-2　設計者の説明責任　104
　　　10-2-1　説明の効果と説明責任　104
　　　10-2-2　さまざまな説明義務の根拠　104
　10-3　設計変更と設計・監理業務の責任　107
　　　10-3-1　「設計変更」の種類と契約とのかかわり　107
　　　10-3-2　工事請負契約と設計変更　108
　10-4　監理業務の責任と施工責任　109
　　　10-4-1　工事監理、監理業務の責任範囲　109
　　　10-4-2　監理責任と施工責任のかかわりについての考え方　110

第Ⅳ編　紛争とその解決に向けての行動　113

11章　紛争の解決　115
　11-1　建築紛争の解決方法　115
　　　11-1-1　紛争を解決するためのさまざまな方法　115
　　　11-1-2　訴訟とあっせん・調停・仲裁の違い　115
　　　11-1-3　訴訟について　117
　　　11-1-4　訴訟によらない紛争解決方法について　119
　11-2　訴えられたとき・訴えるとき　121
　　　11-2-1　設計・監理者が訴えられたとき　121
　　　11-2-2　設計・監理者が訴えるとき　124

12章　紛争解決のパートナー　127
　12-1　弁護士選定の心構え　127
　12-2　鑑定について　128
　　　12-2-1　私的鑑定について　128
　　　12-2-2　裁判所の鑑定について　128
　12-3　弁護士との協力関係　129
　　　12-3-1　訴訟について　129
　　　12-3-2　ADRについて　129

13章　紛争の事例とそこから学ぶこと　131
　13-1　テーマ別に見る紛争事例　131
　　　13-1-1　契約と報酬にかかわる事例　131
　　　13-1-2　設計業務にかかわる事例　135
　　　13-1-3　監理業務にかかわる事例　142
　　　13-1-4　施工者にかかわる事例　144
　13-2　事例から学ぶ紛争を回避するポイント　148

14章　建築設計者としての生き方　　151

　14-1　建築紛争に対する心構え　　151
　　14-1-1　建築紛争への設計者の姿勢　　151
　　14-1-2　紛争は宝の山　　152
　14-2　紛争から学ぶこと　　153
　　14-2-1　紛争を回避する　　153
　　14-2-2　紛争という困難に挑戦する　　154
　　14-2-3　紛争という学習の機会　　154
　　14-2-4　社会システムを改善し続ける　　155

索　引　　159

第Ⅰ編
建築設計者の職能と建築紛争

　建築を設計するという行為は、社会的な必要性も高く、またそれを担う建築設計者にとっても培った知識を生かして具現化するという充実度の高い仕事である。しかし、この仕事を進める過程にはさまざまな立場の人が絡み合うため、常に紛争のリスクを伴う。情報化や分業化が高度に進んだ今日では紛争のリスクは増大する傾向にあり、この仕事に携わる者にとって避けては通れない問題である。本編では今日の建築紛争の状況を把握するため、その社会的背景や原因・問題点を整理するとともに、建築の設計・生産に関連する法規について概観する。

1 背景と目的

1-1 本書の背景

わが国の建築設計者は1886（明治19）年にいち早く造家学会を設立する等、その法的な立場と社会的な立場の確立を目指して長く努力してきた。時代や社会の変化に伴い建築設計の方法や技術的方法も大きく変容してきている今日、建築設計者としての責任の問われ方も変化してきている。わが国の建築設計者はこのような変化を的確に捉え、実務の遂行、倫理観の構築、教育、学習の進化を果たさなければならない。

1-1-1　建築設計者の法的立場の確立

わが国の建築設計者の団体は1886（明治19）年の造家学会が始まりである。学術団体としての学会という名称であるが、会員は26名すべて建築設計者で、その組織はイギリスのRIBAやアメリカのAIAを参考にしたと言われている。その後、当時東京帝国大学に所属していた伊東忠太の提案により、1897（明治30）年、学術的な団体を指向して、名称も建築学会に代わっていく。また、職能の確立を目指して1908（明治41）年に「建築師報酬規定」を定めている。

一方、職能者の団体として1914（大正3）年に辰野金吾、長野宇平治、曾禰達蔵、中條精一郎ら12名による建築士会懇談会が設立され、その後、全国建築士会に改称された。ここでは「建築士の社会的立脚地」「登録法の発布」「建築士徳義規約の制定」が掲げられた。その後、1925（大正14）年に建築士会が建築学会に協力を求め、建築士法制定にとりかかり、幾度かの国会への上申が図られたが、戦前にはそれが実ることはなかった。戦後1950（昭和25）年にようやく建築士法が制定され、建築設計者の国家資格による業務独占とその責任が明示されたのである。

1-1-2　建築設計者の劣化と教育の問題
（1）資格者の劣化

戦後すぐに建築士法が整備されたのは、戦後復興における数多くの技術者の認定というきわめて強い時代的な要請があったと思われるが、それは半世紀に及ぶ戦前の建築設計者の職能の議論があったからである。戦前の建築士会の会員は200名を少し超える程度で

あったが、1951（昭和26）年の第1回の一級建築士試験では実に100倍の2万3,000人あまりが一級建築士として合格している。このようにわが国の建築設計者の国家資格はそもそも戦後の復興需要の増大に応える形で大量供給されたという歴史をもっていると言えよう。

復興期や高度成長期において右肩上がりであった建設需要は1992（平成4）年をピークに下降に転じ、さまざまな社会的な要請を受け建築コストの低価格化が進む中で、2005（平成17）年に構造計算書偽装事件が起きた。それは建築設計者に対する国民の信頼を揺るがすものであった。低コストの建築物をつくるために、構造計算を偽装して、十分に耐震的なものに見せる設計者が現れてしまった。それは構造計算技術やIT技術の進歩により可能となったと言える犯罪行為であった。これを契機に建築士法の改正が行われることとなり、構造設計一級建築士、設備設計一級建築士という専門性の認定や、確認、検証、検査等の厳格化が法制化された。構造計算書偽装事件だけでなく、マンションの強度不足による建て直し等、建築生産上において問題も数多く発生している。建築訴訟も多く、その解決には多くの時間が要されている。このような資格者の劣化の要因として、建築設計者の倫理観、そして実務能力の欠如等に加え、現代の建築設計・技術教育上の問題も指摘されている。

(2) 教育面の課題

現代の建築設計・技術教育において、安全性や長寿命性に対する価値を重んずる教育が行われてきたかという指摘がある。デザイン教育は重要であるが、建築主をはじめとするさまざまな関係者から信頼を勝ち取るような実務教育がなされてこなかったのではないだろうかという反省がある。本書はそうした反省に立ち、新たな実務教育のツールとして構想された。

1-2 建築設計者が目指すべき方向

21世紀の建築設計者は建築主からも社会的にも信頼され、施工者からも尊敬される設計者でなければならない。デザイン力や技術力のみならず、コミュニケーション能力を高め、リスク回避においても十分な想像力が発揮されなければならない。また、あらゆる場面で創造力と想像力を保ち、自己の能力を高めるために継続的に研鑽する必要がある。

1-2-1 建築設計者の資格と職能

建築設計を仕事とする人、すなわち建築設計者は、一般的には建築士とよばれ、建築家と称されることもある。その仕事は高度に専門的で、公共性が高い業務とされ、医師、弁護士、会計士等の提供するサービスと同様の位置づけにあると考えられている。それゆえ、必要な専門性や公共性を維持していないあるいは不足している設計者によって質の低いサービスが提供されることを防ぐため、多くの国ではこのようなサービスを提供する人に対して適切な教育、訓練、試験などを課し、資格あるいは免許の取得を義務づけている。わが国では建築士の資格を得た人は、法律によって業務独占が保護される一方で、その公共性を維持するために法令遵守をはじめ専門職能としての義務を負うことを求めている。

業務独占 ➡ 5-1-2

わが国では、建築士法によって定められた「建築士」が設計等を行う技術者の資格にあたるが、医師や弁護士と異なり建築設計者＝一級建築士というわけではない。建築士資格を有する建築設計者もいれば、資格をもたない自称「建築家」も多くいることも事実である。これは実際の業務を遂行する上で必要となる各種法手続きにおいて資格が求められるが、それ以外に資格を問われる機会がないためである。近年、資格者としての法的な責任を問われない形でデザインアーキテクトがある種のタレントとして国際的にも活動するケースが多く見られる。資格をもつ建築設計者と共同して、デザインはデザインアーキテクトが担当し、法的な責任は資格をもつ建築設計者が取るという形である。国際的な建築設計者の組織であるUIA加盟国の間でもアーキテクトにかかわる業務独占や名称独占の扱いについては、国ごとに事情は異なるが、欧米では基本的に法的責任をもつ建築設計者をアーキテクトと称し、わが国では建築士と称している。さまざまな見解や議論を残すものの、本書では、デザイナーではなく法的な責務を負うという意味で建築士と建築設計者を同義で扱うこととする。

建築士法 ➡ 3-3-1

UIA：Union Internationale des Architectes の略、国際建築家連合。フランスに本部を置き、日本では日本建築家協会が支部を担っている。

1-2-2　建築設計者、技術者に対する社会的イメージ

　以下に示すのは、建築設計者（調査では、社会的な呼称としての「建築家」を用いている）と「建築会社」に対して一般市民がどのようなイメージをもつのか、アンケート調査を行った結果である。「建築家」のマイナスイメージの上位に「作品をつくられてしまう」「とっつきにくい」など、コミュニケーションに関する不安イメージがあるのに対して、プラスイメージでは「センスがいい」「芸術家である」などその個性を評価しているという点があげられる。いずれも、建築設計者の専門性を理解したいという希望の表れと取れるが、「信頼できる」という回答が少ないため、設計者に要求されるもっとも大切な「信頼性」については市民の間で十分に認識されていないことが表れていると言える。

　また、「建築会社」とよばれる施工、建設を担当する会社に対するイメージは決してよくない。調査した2000年代初頭の政治と建設業界に関するマスコミ報道の影響が大きく、また手抜き工事等による信頼性に欠けるイメージが付加されてしまったことは大きな問題である。

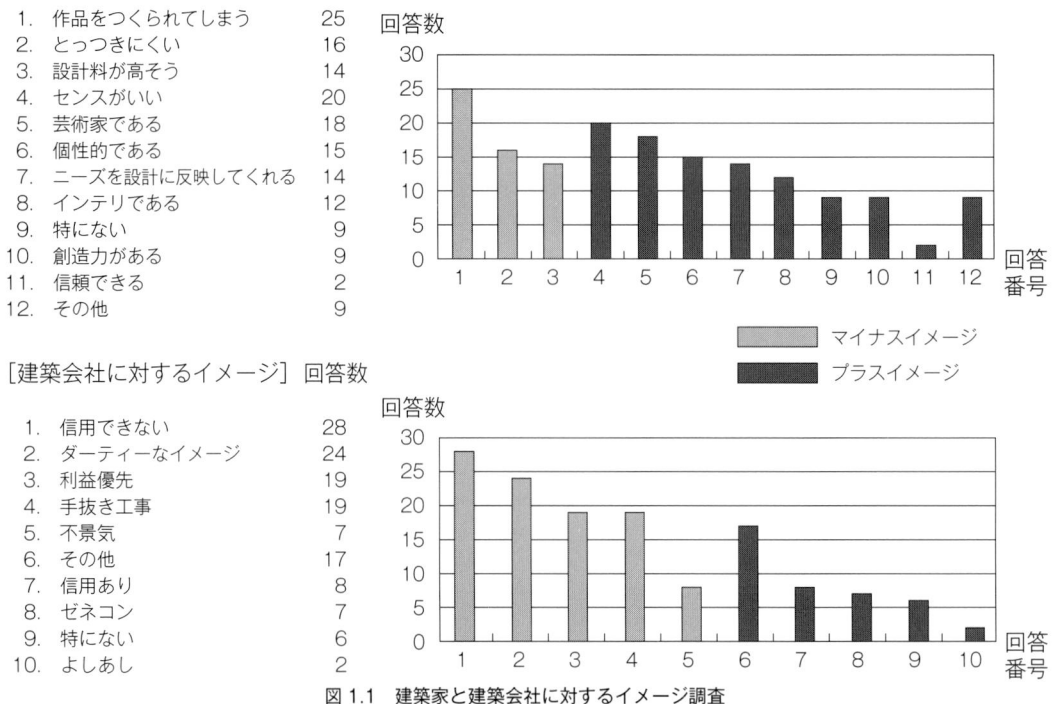

図1.1　建築家と建築会社に対するイメージ調査
[鈴木寛子、仙田満、山崎純、「建築家」イメージと「建築環境」に対する社会的認知に関する調査研究、日本建築学会学術講演梗概集 F-2分冊、pp.437-438（2003）より引用]

1-2-3　建築設計者の責任

　設計および工事監理業務の資格者である設計者が負う業務上の責

*1 「NPO法人建築家推進機構一級建築士定期講習テキスト」

任には一般に次のようなものがあるとされている*1。

（1）資格者としての責任
　建築物が社会の公器としてその役割を果たせるよう国家資格者としての建築士に課せられるもので、高度な専門技術者として負う職業倫理的な側面を含めたさまざまな責任がこれに該当する。

（2）契約者としての責任
　業務委託契約の締結によって特定の委託者との間に発生する債権債務関係により、受託者には契約責任（特定の相手との約束事である債務を履行する法的義務による責任）が生ずる。

（3）（社会的）生産者としての責任
　資格者責任や契約者責任は個別的な法的責任であるのに対して、建築設計者には建築物を社会環境の中に創出するにあたって広い意味での責任がある。建築物を環境への配慮や景観などを含めた意味で社会的な存在とする、あるいは生産の過程への関与なども含めてより適切な環境構築に寄与する、といった立場から求められる社会的生産者としての責任がある。

1-2-4　設計行為が抱えるリスク

　わが国の国土は地球上の表面積の0.25％であるにもかかわらず、世界で起こる地震約400回のうち、100回近くがわが国で起こっている。すなわち世界の平均的な場所に比べ、地震被災率が100倍高い国なのである。火山もある。台風もある。細長い国土の中央に山脈が走り、川の勾配はきつく、大雨が降れば洪水や土砂災害も多い。この困難な国に生まれてきて、困難に負けないために、古来より先人たちは勤勉でまじめに、辛抱強く働いてきた。困難を乗り越えるレジリエントな力が必要なのである。建築設計という行為は上記のような自然の脅威に対する配慮も求められることから、その社会的責任も大きく、同時に多岐にわたるリスクが存在しているのである。
　また、建築は多くの場合、他者が資金を負担する。建築を設計するということは、他者から信用され、その財産を預かると言ってもよい。そして、その依頼者（建築主）の背後にある、多くの利用者、運用者の声に耳を傾けねばならない。建築とはその存在によって環境がより豊かなものにならなければならない。しかしときに、建築は人を不幸にしてしまう場合もある。そういったリスクはあらゆる場面に存在するが、それを回避し乗り越えるためにも、リスクを学び十分な備えをすることが大切である。肝心なことは、こうしたリスクに挑戦する気持ちを堅持することであり、建築をつくることに

よって社会に貢献するためにも、挑戦する心を忘れてはならない。

1-2-5　コミュニケーション力の必要性

　ICTがもたらす新たなコミュニケーション手段が進化し続ける時代において、人間同士の良好なコミュニケーションが成立し難い社会になりつつあるとも言える。けんかをしても仲直りができない人が多くなり、非常識なクレームを出す人、こどもの声を騒音と捉える人も多い。相手の身になって考える、思いやりをもって接する、相手を尊重する、そのようなコミュニケーション力は設計だけでなく、すべての人にとっての社会活動とその行為において、基本的な能力である。そのことを学問として学ばねばならないことは、はたして進歩だろうか。しかしながら、現代という時代では往々にしてコミュニケーションが失われがちであることも事実である。複雑で高度化する設計の仕事の中で、良好な信頼関係をつくること、またそれが社会的な変化やその他の要因で失われることがあることを覚悟しなくてはならない。信頼を獲得する力、そしてコミュニケーション力を高めると同時に、万一それが獲得できなかったり、破綻したり、最悪の事態に発展する場合も考え、備えていかねばならない。設計とは、想像力の仕事でもある。それは、単に空間を発想する想像力の問題ではなく、人間関係においても想像力が必要だということであろう。

1-2-6　21世紀の建築設計者として

　20世紀末に建築設計技術は全世界的に大きく変革した。それまでの手書きによる図法からコンピュータを用いたCADによる図法に変化したのである。さらに、ICTメディアの進化により今日ではBIMとよばれる三次元CADによる意匠、構造、設備各種の情報が一元的に統合化する手法に変わりつつある。また、3Dプリンタによりデータから自動的に立体物が制作できるようになり、模型制作にとどまらず実際の建築物の建設も試行が重ねられている。

　このようにこの20年間で建築のつくり方は大きく変化している。同様に社会システムも変化していくだろう。建築設計という専門領域でさえ、インターネットによって技術が専門家だけのものでなく、一般の人にも理解し、参加できる時代になってきた。だからこそ、建築設計者は建設のハードとソフトの社会システムをあわせもち、かつ社会的倫理をもつ人にだけ与えられる資格となるべきである。

　技術革新の著しい今日、多岐にわたる建築の分野において21世紀に生き残れる建築設計者は時代の変化に柔軟に対応でき、生涯にわたり、学ぶ力をもつ人となろう。その中でもコミュニケーション能力獲得の重要さは他の専門職能分野と同様、その重みを増すだろ

BIM：Building Information Modelingの略。建物形状、地理情報など建物の特性データが表現され、設計から維持管理までの広範囲で活用可能。

う。OECDは知識基盤社会を担うこどもたちの必要な能力を主要能力（キーコンピテンシー）と定義づけているが、それは「社会文化的、技術的ツールを相互作用的に活用する能力」「多様な社会グループにおける人間関係形成能力」「自立的に行動する能力」の三つのカテゴリーから構成されている。これらは21世紀を生きるこどもたちの教育の目標であるが、まさに建築設計者においても重要な示唆を与えていると思われる。

1-3 本書の目的

本書が設計大学院やプロフェッショナルスクールを目指す大学、大学院において、信頼され、挑戦する建築設計者の教育のためのツールとなり、またそのような建築設計者を目指す若い人々の自己学習の参考書となり、建築紛争の予防と、美しく安全な建築の設計に役立つことを期待する。

1-3-1 信頼される建築設計者となるために

　従来、大学や大学院において建築設計者を志す者が学習するテーマとしてデザイン、計画、構造、歴史、材料、設備等、多くの専門的な科目が用意されてきた。しかし、設計という仕事を通して信頼を獲得していく方法等については、ほとんど教育されてこなかったといっても言い過ぎではない。ある意味で人と人との良好な関係性のつくり方は専門的な知識がなくとも、かつてアメリカの作家ロバート・フルガムが言ったように「人生に必要な知恵はすべて幼稚園の砂場で学んだ」のかもしれない。彼は人生にとって必要な知恵である「けんかをしないで仲良く遊ぶこと」「けんかをしたら仲直りすること」は大学や大学院で学ぶことではなく、幼稚園の砂場で遊びながら学んだと言っているのである。しかし今日の社会状況を見ると、良好な人間関係をつくりあげる方法を大学や大学院でも学ばねばならなくなったと言える。

　紛争を避けるためには信頼がきわめて重要である。その信頼を獲得するために、デザインや計画、あるいは技術が優れているだけでなく、建築主の立場になって考え、建築主に説明し、報告し、そして確認することが求められる。信頼を獲得することに失敗したとき、建築設計者は建築紛争とよばれる多くのリスクを抱えることが多い。そのようなリスクに対して、どのように対処すべきかということも大きな問題であり、もはやリスクマネジメント学の領域とも言える。

　従来、日本の高等建築職能教育機関である大学や大学院の教育の中で、設計コミュニケーション学やリスクマネジメント学等の分野が入ることはきわめて少なかった。しかし、実務としての建築設計にとってもっとも重要なことは、信頼を勝ち取るコミュニケーション力である。実務を円滑に行うためにはコミュニケーション力、リスクマネジメント力を高める必要があり、本書は紛争という失敗から学ぶ形でそれらの重要性を認識することを目的として構想されたものである。

1-3-2　リスクマネジメントの重要性

　着工件数はバブル期の最盛期に比べ、半分以上落ちているにもかかわらず、建築紛争は少なくなっていない。社会全体に当事者のコミュニケーション力が減少していることやインターネット等の普及により、より紛争が拡大しやすい傾向も指摘されている。しかし、紛争は経済的負担も精神的負担も大きいためできれば避けたい。そういうリスクを最小化し、建築設計の本来の部分に多くの時間を割くためにもリスクに対処する方法を学ぶことが必要である。

　建築設計は、責任の多い社会貢献行為でありながら、同時に多くのリスクを内包しており、紛争につながりやすい。建築紛争は医事紛争や知的財産紛争と同様に、一般の民事訴訟に比べ、高度に専門的な判断が求められるため解決に多くの時間がかかる。さらに、設計者が建築主とのトラブルになり、民事上で和解し、金銭で解決したとしても、この判決にもとづき、建築主が設計者の「不誠実な行為」を国や都道府県の建築士審査会に訴え出た場合、今度は公法上での行政処分が別個に科せられる可能性もある。

　本書はとくに設計者を志す若い人たちを対象に、職業的リスクでもある紛争に巻き込まれないためにはどうしなければならないか、また紛争に巻き込まれてしまったらどう対処すべきか、紛争から何を学ぶかといった事柄の指針を示すことを意図している。

　科学もビジネスも「失敗から学ぶこと」の重要性が言われるように、建築紛争も建築生産の問題点が詰まった「宝」と言える。設計者を目指す者は、この領域を具体的に学び、備え、本来の仕事に邁進することを目標として欲しい。

1-3-3　建築紛争への取組み

　建築紛争は、医事紛争、知的財産紛争と並んで専門性が高く、解決に困難が伴う。また、社会環境や経済環境の変化に伴い、紛争件数は今後さらに増大することが予想される。最高裁判所の要請にもとづき「司法支援建築会議」が日本建築学会内に設立されたのは2000年のことである。1999年に学会機関誌『建築雑誌』で「建築と裁判」という特集が企画されたのを契機に、裁判所と建築学会の連携が始まり、裁判所を支援するための社会貢献組織として司法支援建築会議は設立された。

　紛争とはある意味で建築生産の負の結果である。したがってその失敗から学ぶこともきわめて多く、設計、生産活動へのフィードバック機能が日本建築学会に求められている。司法支援建築会議はそのような建築紛争のフィードバックを意図して、2003年に『建築紛争ハンドブック』、2006年に『戸建住宅を巡る建築紛争』、2009年に『集合住宅を巡る建築紛争』という書籍をそれぞれ出版してきた。

このような書籍を通して、少しずつではあるが、建築紛争の負の結果とリスクを共有化することで、それなりの成果をあげてきている。しかし、根本的に設計者が抱えるリスクを軽減するためには、設計者の挑戦、つまり建築紛争への準備と設計者自身のより積極的な関与を促す必要性があり、そのきっかけとなることが本書の目的である。

1-3-4　実務教育・学習のツールとして

わが国の大学院でも、設計大学院やプロフェッショナルスクールを標榜している大学院も多くなってきた。そこではデザイン力、技術力、実務力が問われる。しかし現代の日本の大学および大学院での専門教育において、真のプロフェッショナル教育が行われているところはきわめて少ないと思われる。必要とされる高度な知識と技術をもって業務を提供し、報酬を得る職業的専門家が真のプロフェッショナルである。わが国の建築士試験において、技術力や知識力は問われても、デザイン力や交渉力、実務力という点が問われることは少ない。

海外ではプロフェッショナル団体が資格試験を代行し、デザイン力、実務力を問うているところも多い。そういう意味で大学院や、建築家志望の若い建築設計者の教育を担う機関において、実務教育のツールとして本書が利用されることが望まれる。もちろん若い建築設計者に自発的な学習教材として読まれることがもっとも望ましい。それによりわが国の建築紛争の予防に資すること、そして美しく安全な建築が設計されることを期待したい。

参 考 文 献
日本建築学会 編、近代日本建築学発達史、丸善（1972）
日本建築学会 編、日本建築学会百年史：1886-1985、日本建築学会（1990）

2 建築紛争の特徴

2-1 建築紛争の概況

建築紛争は、年間3,000件程度あると推測される。そのうち裁判所にもち込まれる建築紛争は年間平均2,000件程度に上り、その内容も利害関係の複雑さを反映し多種多様である。建築関係訴訟は審理期間の長さが特徴的であり、とくに建築物に不具合があるという瑕疵主張を含む場合に長期化する傾向にある。

2-1-1 建築紛争処理のしくみ

建築紛争処理というとすぐに裁判を想像するが、本来は当事者同士で処理することが望ましい。まずは当事者間で真摯に話し合い、あるいは専門家に相談し、解決の糸口を探るべきである。そして、すぐに裁判とせずに裁判外で紛争処理を図るべきである。裁判にもち込めば費用も時間もかかることを覚悟しなくてはならない。

訴訟によらず紛争を処理することをADRといい、このADRを扱う機関も多くある。主なものは、国土交通省の中央建設工事紛争審査会、都道府県の建設工事紛争審査会、弁護士会等のADR等である。欧米では、ほとんどの建築紛争がADRにより処理されていると言われる。わが国では2007（平成19）年施行のADR法にもとづきADR機関が設立され、年間約600件程度の相談が寄せられている。民間調停の充実化を目指しているが、社会的に十分に知られている状態ではない。

ADRでは解決できず、どうしても裁判所の判決を望む場合は訴訟ということになる。しかし、裁判所に提訴した場合でも、建築紛争に関してはまず調停を勧められる。調停委員を交えた話し合いによる解決を図ることになるが、調停が成立しない場合には訴訟になる。訴訟とは、国家機関である裁判所が拘束力をもつ判断を下す紛争解決手段であり、民事訴訟、刑事訴訟、行政訴訟などがある。一般的に建築関係の訴訟に関しては、構造計算書偽装事件など刑事訴訟となる事件もあるが、ほとんどが民事訴訟によると考えてよい。一般的な民事訴訟の流れを図2.1に示す。

2-1-2 建築関係訴訟の現状[*1]

建築関係訴訟の民事第一審訴訟事件（地方裁判所での事件数）の新受件数は、年平均2,000件程度（民事訴訟全体では10万6,000件

ADR：Alternative Dispute Resolutionの略。裁判外紛争解決手続き。ADR法では訴訟手続きによらずに民事上の紛争の解決をしようとする紛争の当事者のため、公正な第三者が関与して、その解決を図る手続きと定義されている。 ➡ 11-1-4

ADR法：裁判外紛争解決手続の利用の促進に関する法律の通称。

訴訟 ➡ 11-1-3

[*1] 最高裁判所事務局、裁判の迅速化に係る検証に関する報告書（第5回、平成25年）参照

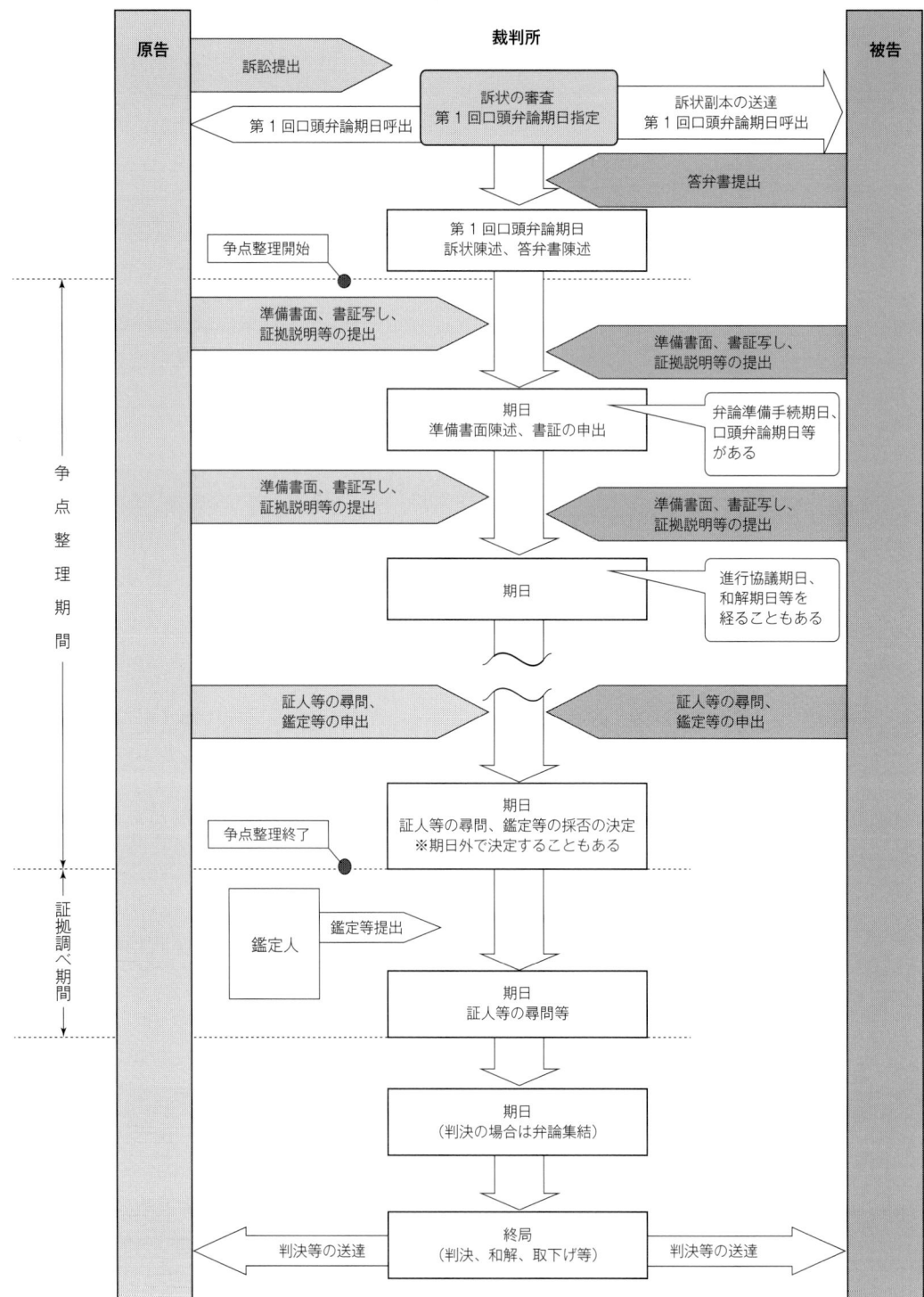

図2.1 民事訴訟（第一審）手続きの流れの例
［裁判の迅速化に係る検証に関する報告書（第1回、平成17年）p.16、図1より引用］］

訴額：訴訟物の見積額。

程度）であり、審判の対象となる訴額の平均は3,000万円程度である。民事訴訟全体の60％は訴額が500万円以下となっており、一般の訴訟よりも高額である。

建築関係訴訟は請求が一括でも内容的には複数の争点をもつことが多い。原告、被告両者の反訴も含めて、複雑に入り組んだ状況で取り扱われることが多く、建築物の不具合（瑕疵）の主張の有無によって審理に係る状況も異なる傾向があり、瑕疵主張の対象は複数箇所におよぶことも多い。

建築関係訴訟の平均審理期間は約17か月で、民事第一審訴訟事件全体の平均審理期間8か月程度と比べ、審理期間が長い。その理由として以下のことが考えられる。

1) 建築に関する専門的知見が十分でない建築主、代理人としての弁護士および裁判官にとって、紛争の実態や争点の把握は困難を伴い、主張および証拠の検討、整理等に時間がかかる場合が多い。

2) 不具合の主張がある建築物の部位や事象のそれぞれが争点となる。その部位や事象が多数に及ぶ場合は、部位の特定、瑕疵かどうかの判断、瑕疵の場合の損害額などを個々について整理する必要があり、時間がかかる場合が多い。

3) 建築設計および工事に関する契約書が作成されていない、契約書の記載が簡略すぎる、あるいは必要な取り決めがなされていないなど客観的な証拠が不足し、その確認に時間を要する場合が多い。

鑑定：高度な専門知識を要する分野について、第三者の専門家に知識や意見を求める手続き。➡ 12-2

4) 鑑定をするにあたり、適切な専門性をもつ鑑定人の選定や鑑定書の作成に時間がかかり、加えて鑑定書提出後の当事者の反論準備にも時間がかかる等から、鑑定が長期化する場合がある。

5) 補修の要否や方法、必要な費用や損害額にかかわる見解が当事者間でかけ離れることが多い。問題となる建築物が建築主にとって生活の場であるケースや、経済的に大きな役割を担うケースでは、不具合の発生が激しい感情的な対立を生み、合理的な争点整理の支障となる場合が多い。

また瑕疵主張のある建築関係訴訟の平均審理期間は約2年で、民事第一審訴訟事件全体の平均審理期間の約3倍となっており、期間別には6か月以内が1割、2年を超えるものが4割以上ある。全体の期日回数の平均は約12回と多く、何度も裁判所に足を運ぶ必要がある。また、平均的な期日の間隔が約2か月と長いことも特徴となっている。これは裁判外での準備にも多くの労力と時間を要することを示していると言える。

期日：裁判官、当事者その他訴訟関係人が訴訟行為をするために定められた日時のこと。

判決で終局するものが約3割、和解が約4割、取下げが約3割と

調停：調停委員とよばれる第三者が介入し、当事者同士の合意によって紛争の解決を図るもの。ADRの一つ。→ 11-1

民事第一訴訟事件に比べ、訴訟取下げ割合の多いことも建築関係訴訟の特徴である。また、鑑定実施率は約5%であり民事第一審訴訟事件全体の1%未満と比較して顕著に高い。鑑定を実施した訴訟の平均審理期間は50か月を超える。

調停に付されたものの中で調停成立の割合は約3割であり、調停不成立の平均審理期間約43か月は、調停成立の平均審理期間約27か月と比較し顕著に高い。

このように建築関係訴訟の特徴は、一般的に医事関係、知的財産権の訴訟と同様にその解決は長期化する傾向があり、費用、時間がかかるばかりでなく、その間の精神的ストレスも大きいことを覚悟しなければならない。

*2　裁判の迅速化に係る検証に関する報告書（第5回、平成25年）より作成

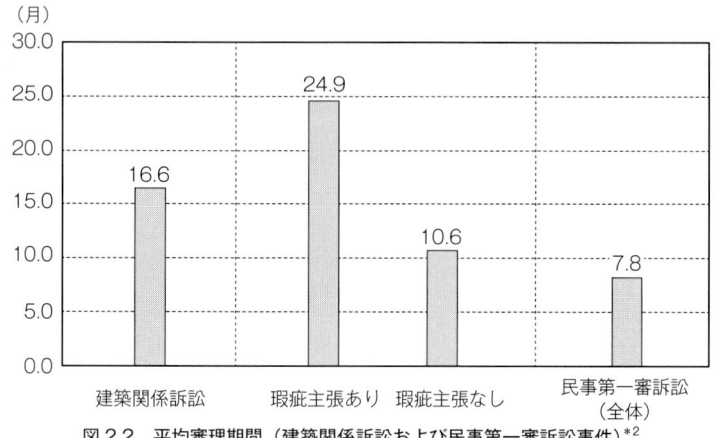

図 2.2　平均審理期間（建築関係訴訟および民事第一審訴訟事件）*2

表 2.1　審理期間別の事件数および事件割合*2

事件の種類	事件数	平均審理期間(月)	6か月以内	6か月超1年以内	1年超2年以内	2年超3年以内	3年超5年以内	5年を超える
瑕疵主張のある建築関係訴訟	932 件	24.9 か月	104 件	138 件	307 件	204 件	141 件	38 件
			11.2%	14.8%	32.9%	21.9%	15.1%	4.1%
民事第一審訴訟（全体）	168,230 件	7.8 か月	103,815 件	32,613 件	23,611 件	5,927 件	1,997 件	267 件
			61.7%	19.4%	14.0%	3.5%	1.2%	0.2%

表 2.2　終局区分別の事件数および事件割合*2

終局区分	判決	和解	取下げ	それ以外
瑕疵主張のある建築関係訴訟	263 件	378 件	257 件	34 件
	28.2%	40.6%	27.6%	3.6%
民事第一審訴訟（全体）	69,750 件	57,368 件	36,234 件	4,878 件
	41.5%	34.1%	21.5%	2.9%

2-2 建築職能における法的防御の必要性

> 建築生産は、建築主・設計者・施工者という異なる立場による共同作業であり、相互の複雑な関係の中で他者を尊重しながらおのおのが自分の役割を果たす責務がある。設計者として当然のことだと考えても、必ずしも理解されないことがある面を留意し、説明と合意形成への努力が不可欠であることを認識する必要がある。

建築紛争は、民事上の争いであることがほとんどで、当事者同士の話し合いによって解決するのが本来の筋である。当事者同士の話し合いで解決しない場合は、裁判等で公的な解決に頼らざるを得ないことは、建築紛争に限らない。紛争で発生する負担を軽減するためにも、紛争の当事者になってからではなく、あらかじめ紛争解決にはどのような方法があるのか、訴訟手続きや鑑定等についての基本的な法的知識を得ていることが望ましい。

わが国の民事訴訟では通常、利害が対立する原告（訴える者）と被告（訴えられる者）双方が相互に主張・立証を尽くして、裁判官が判決を下す、弁論主義をとっている。原告・被告の主張・立証には、民事訴訟法によって一定のルールが定められているため、そのルールに不慣れな原告・被告が本人だけで裁判に臨むことは難しい。したがって、原告・被告の双方が代理人となる弁護士を立てて争うことが一般的である。

弁論主義 ➡ 11-1-3

しかしながら、真実を明らかにする過程で建築に関する専門技術の知見を必要とするが、弁護士も裁判官もそれらに精通していないことが多い。そのため、それぞれの主張にもとづく調査や専門技術的な検証に時間を要し、裁判が長期化するケースが多く、原告・被告双方にとって心理的・経済的負担が大きくなる。1章で記したとおり日本建築学会は、そのような状況の改善を目指し、裁判所からの要請を受け、司法支援建築会議から鑑定や調停に関与する建築技術専門家を推薦し、裁判の適正化と短縮化の支援を行っている。

いずれにせよ、設計者は建築紛争に対して法的防御をする上で、調停委員や鑑定人として紛争処理にかかわる建築技術専門家に対して、プロジェクトにおける合意形成の経緯や設計意図を理解してもらうための資料を準備することが必要になる。紛争を未然に防ぐためだけでなく、万が一紛争となったときのためにも、建築主や施工者への説明責任や合意形成はことさら慎重に行い、記録しておくことが重要である。

2-3　建築紛争の関係者とその傾向

裁判の迅速化が求められる一方で、建築にかかわる紛争の解決に要する期間は、一般的な紛争と比較して長期化する傾向にある。設計・監理者は、優れた技術力と高い倫理意識をもって、建築主と施工者の信頼関係を築くよう努めていかねばならない。

2-3-1　建築紛争の関係者

建築生産の一連の流れの中で、そこに携わる人々が果たすべき役割における責任が問われる紛争を建築紛争とよぶ。建築紛争は、建築生産の当事者である建築主、設計者および監理者、施工者を中心に、近隣住民等の第三者、建築主事および指定確認検査機関もかかわって発生する。また、これらで発生した紛争をきっかけとして、その紛争の当事者から他の関係者が派生的に責任を問われることもある。

建築主事 ➡ 8-1-2

指定確認検査機関 ➡ 8-2-3

2-3-2　建築紛争の傾向

建築紛争は、当事者間の関係とその紛争内容から、大きく技術面と契約面から整理できる[*3]。

*3　諸藤弘之、仙田満、山崎純、東京地方裁判所民事22部における建築紛争に関する研究、日本建築学会学術講演梗概集 F-1 分冊、pp.1367-1368（2005）参考

(1) 技術面の問題を指摘するもの

a. 設計・監理の技術的責任を問うもの

建築主が設計・監理者に対して設計・監理業務において何かしらの問題があったとし、報酬の支払いを巡って起こる紛争である。その内容は、法規・基準違反の指摘、要望との不適合や前提条件の食い違いなどの指摘から漏水などに関する責任の指摘に至るまで多様である。当然ながら、建築物の性能が建築主の要求するレベルに達していない場合に紛争になりやすいが、建築主の設計図書や監理内容に関する理解度の低さが要因となることも多い。

b. 施工瑕疵に関する責任を問うもの

施工瑕疵によって生じる建築物の欠陥に関する紛争であり、建築紛争の半数近くがここに分類される。一つの紛争で複数の部位について不具合の主張がなされることが多く、それぞれの確認に時間がかかり、建築紛争が長期化する原因となってはいるが、主張される瑕疵が全面的に認められることは実際には少ない。瑕疵主張の対象は漏水や雨漏りのほか不具合が目につきやすい開口部や基礎に関するものが多く、また、それぞれの部位について、配筋の被り厚や取り合いの隙間、不陸、固定・締付け不足、汚れ・傷などの不具合が指摘されている。一般的には建築主と施工者が紛争の当事者となる

ことが多いが、設計・監理者が設計変更や監理に関する責任を同時に問われる場合もある。

(2) 契約面の問題を指摘するもの
a. 設計・監理契約に関するもの

設計者が設計図や見積書を作成したものの、建築主がそもそも設計業務を依頼していないとして報酬の支払いを拒み、契約の有無が問題となる紛争である。建築主の主張としては、設計者の行った作業は契約の誘導を目的とする作業であり契約対象の業務に該当しないとするもの、施工条件付土地売買で、施工者の提携先設計者の設計でないことを理由に施工を拒否され、提携先設計者を起用し、すでに依頼していた元の設計者との契約を認めないとするもの、建築計画の中断を理由にするものなどがある。監理契約がなく、実際に監理業務を行う意思がないのに確認申請書などに記名押印したことで監理責任を問われた事例もある。

b. 追加変更に関するもの

建築主が設計・監理者、施工者に対して追加変更に伴う金額の増減について争う紛争である。追加変更に対して、建築主の主張から「依頼そのものを認めないもの」、「依頼をしたが代金発生の合意がなされていないとするもの」、「依頼はしたが、金額が過大であると指摘するもの」、「依頼、代金について争いはないものの工事結果が依頼と異なると指摘するもの」の四つに分けられる。紛争になるケースでは、建築主あるいは設計者が口頭で追加変更を指示し、代金を含め合意内容が書面化されず、契約上の処理が的確になされていない事例が多い。

c. 代金清算に関する問題を指摘するもの

施工者が建築主に、あるいは下請業者が元請業者に、工事代金の支払いを求める紛争である。建築物についての争いではなく、代金支払いが争点となる。基本的に設計・監理者が当事者になる紛争ではないが、その件数が多いため、建設業法や下請法の遵守が社会的に求められるようになっている。とくに元請下請間での契約が曖昧であることが多く、また、契約書があっても書面自体の信頼性が問われるケースもある。元請下請間の契約にもできる限りの注意を払うなど、工事の円滑な進行を阻害するこの類の紛争を避けるための配慮が設計・監理者にも求められている。

d. 倒産が問題となるもの

元請業者が倒産直前の状況にありながら工事を受注したため、下請業者に代金が支払えず、工事が不可能になり契約が履行されず紛争に至る事例である。なかには孫請業者が建築主に工事代金を直接請求してきた事例もある。このような事態の発生を防ぐためにも、

設計・監理者は施工者の選定に積極的にかかわり、施工者の資金状況などについても留意し、建築主の工事発注を支援し協力する必要がある。

e. 暴力・恐喝が問題となるもの

事例数は少ないが、施工者が建築主に対して暴力や恐喝を行った事例も確認されている。実際に暴力や恐喝まで至らなくても半ば強引に契約をさせられるなど、建築主と施工者の信頼関係に大きく影響する事例もある。設計者は、自らの振る舞いを正すと同時に施工者の態度、言動などにも常に注意を払うことも大事である。

2-3-3　建築紛争における意識の相違

建築紛争では、建築物の不具合に対して建築主との間に感情的な対立が生じることが指摘されている。実際に判決文に盛り込まれる建築主の主張からさまざまな感情を読み取れる。これらの感情は、建築物に対する機能面での「不安」や、建築物の資産価値や工事金額に関する経済面での「不満」、設計者や施工者に対する信用や誠実さに関する「不信」などに分類できる。

建築主の多くは建築生産に普段かかわりが少なく、規模や金額が大きいことから建築に対する不安、不満を抱きやすいと言える。本書の主要なテーマでもあるように、設計者がこれらの不安を払拭して不信感を取り除くように丁寧なコミュニケーションを心がけることが重要である。

参 考 文 献

(1) 斎藤隆・大森文彦 他、建築関係訴訟の実務、新日本法規出版（2002）
(2) 大森文彦、建築工事の瑕疵責任入門、大成出版社（2007）
(3) 日本建築学会 編、建築紛争ハンドブック、丸善（2009）

3 建築生産における紛争リスク

3-1 建築生産とその関係者

建築生産とは建築主の構想を設計者、監理者、施工者といった建築生産の各段階における専門家、技術者が協力して、その建築物を建築主と連携して完成させることである。設計者は自らの責務を果たすだけでなく、各段階においてそれぞれの立場を理解・尊重し、適切に協働するように努めなければならない。

3-1-1 建築生産の流れ

➡ 4 章

建築生産は、建築主の建設構想を設計図書に取りまとめ、この設計図書にもとづき工事を行い、建築物として完成させるプロセスである。図 3.1 に示すような一連の流れが一般的である。設計者は、基本設計、実施設計が主な業務になるが、建築主の調査・企画、基本計画の支援や施工時には、監理者として工事に立ち会い、建築生産の流れ全体にかかわる役割を担う。

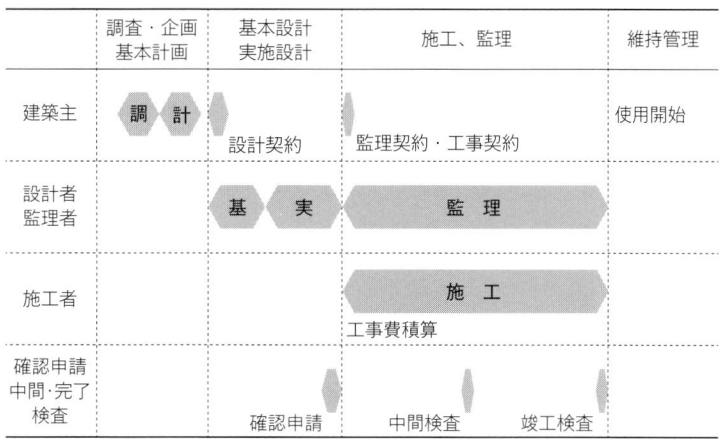

[凡例] 調：調査・企画、計：基本計画、基：基本設計、実：実施設計
図 3.1 建築生産の流れ

3-1-2 建築生産に携わる人々
(1) 建築主

建築主は、自らの建築構想を実現するべく個人または企業、団体、官公庁等の組織として、設計、工事を発注する立場であり、完成した建築物の使用にあたっては所有者あるいは管理者としての責任を

負う。

　とくに個人が自分の住む住宅を建設する場合、建築主の多くが建設資金に限りある中で、長い間育んできた夢を達成する契機として、その完成に大きな期待を寄せている。法的、技術的あるいはコスト面のさまざまな制約によってこの期待が損なわれることに対し、専門知識が少ないことへの自覚から建築生産に携わる他の関係者に対して疑心暗鬼になる可能性があり、紛争のきっかけになることがある。

　法人や公共団体の場合、建築主が直接の利用者でない場合もある。とくに公共建築では、近年、利用者である市民の利便を図るために、細部に至るまで市民の要望を汲みあげた上で着工されるようになってきた。しかしながら、事業ビルにおいては事業性が優先され、建築物の安全性や公共性が十分に配慮されないことにより、紛争につながる場合もある。

　建築主の構想する建築物を期待どおりに完成させるために、設計者、監理者、施工者が、設計開始から工事完了に至るまで、建築主の建築に関する専門知識の不足を補って、信頼関係を築いて連携していくことが大事である。

(2) 設計者および監理者

監理業務 ➡ 4-3、9-1-4、10-4

　設計者は、建築主から選定され、優れた技術力と倫理意識をもって設計を進める。監理者は、建築主から選定され、工事が設計図書のとおり、あるいは契約のとおりできているか否かを確認する。この設計・監理を通じて、建築物の財産的価値と建築物を利用する一般の人々の安全を確保し、確認制度とこれにもとづいた検査制度により建築物の適法性を担保する。この設計および監理を業務として行うことができるのは、建築士の有資格者であり、次章以降その業務内容や責任等に関して詳述する。

(3) 施工者

　施工者は、地域に密着した小規模な工務店等の工事業者や、中堅工事業者、全国規模の大手工事業者等の中から、主に建築主によって選定される。選定された施工者は、元請工事業者として工事を請け負い、下請工事業者等の協力のもとに、工事全般にわたり、工期やコスト等の管理を行って、設計図書にもとづいて施工に当たる。設計・監理者とは独立した立場であるが、実際に工事を進める主体的な役割を担うため、施工技術面、工事費面で密接にかかわりあう場合がある。

3-2 建築生産関係者の選定と紛争リスク

建築設計者の活動は建築主に設計者として選ばれるところからはじまる。選ばれ方にも実はリスクが内在すると言うことができる。したがって、建築設計者も建築主を選ぶという心意気が重要である。

3-2-1 設計者の選定

建築設計者あるいは建築士事務所の選ばれ方はさまざまあるが、ここではその選ばれ方とリスクについて考えていく。設計者の選定や受注は建築主が民間と公共で方法が大きく異なる。

(1) 建築主が民間の場合
a. 親戚や友人・知人の紹介

個人住宅の設計者選定にはさまざまな方式があるが、個人的な交友関係を通じて依頼される場合が多い。巨匠とよばれる建築家でも最初の頃は親戚や知人の住宅等の依頼が多い。もともと住宅の設計は予算が限られていてすべての要求を実現できないことも多く、建築主、設計者ともに我慢を強いられることも多い。この場合、その我慢を両者が受け入れられることもあるが、親しいあまりに我慢を受け入れられないときには、紛争になりやすい。

b. 紹介業者による仲介によって依頼される場合

建築主に設計者を紹介・仲介する業者から、紹介やコンペ等を通して設計者が業務を受託した場合、紹介業者から仲介料を請求されることもある。この場合、紹介業者がプロジェクト全体のコーディネーターとしての役割をどのように担うか、建築主と設計者が直接契約できるかどうかによっても異なるが、建築主と設計者が直接コミュニケーションを取れずに紹介業者の伝言による食い違いや誤解をきたしたトラブルも生じやすい。

c. TV、雑誌等を見て直接依頼される場合

雑誌に作品が掲載されたからといって、仕事が次々に舞い込むとは限らない。しかしメディアが介在する場合は、建築主と設計者の間にアドバイスをする仕組みがないため、往々にしてきわめて事務的に設計依頼がキャンセルされる場合もある。こうしたことを避けるため共通の知人としての紹介者や仲介者がいない限り受注を行わないことを原則とする設計者もいる。

d. その他

民間においては、紹介・推薦等の人間的なつながりを通じて設計を依頼する場合が多いが、近年はホームページ等を見て、設計者を選ぶケースも増えている。またコンペ・プロポーザルなどによる選

コンペ：提案された中からもっとも優れた設計案を選び、その作成者を設計者とする選定方法。
プロポーザル ➡ 13-1-2

定も多くなってきたが、コンペ＝無料の提案と誤解している建築主やディベロッパーも多い。コンペ・プロポーザルへの参加にはそれなりのリスクもあり注意深く対応していく必要がある。

(2) 公共施設の場合

公共施設の場合、小規模の設計委託では随意契約が可能なので、公共施設の設計を目指す新人は小額のプロジェクトを受注し、次第に実績を積むか、参加条件に制約が少ないコンペ・プロポーザルに挑戦することになる。この場合でも、指名参加願いを自治体に提出して登録を受けなければならない。

通常のプロジェクトについては、1990年代前半までは自治体の首長や担当者の理解を得て随意契約が可能であったが、汚職や癒着等の不透明な選定が問題となり、1995年以降は設計料の安い設計者を選定する設計入札かプロポーザルを通じて選定することが多くなっている。プロポーザルによる発注は全体の15%以下で、設計入札が75%以上を占めている。

一方で、この設計入札方式は設計者の創造性を評価、反映できないシステムであるとして問題視されている。日本建築学会の『作品選集』では作品レビューによって毎年100作品ほどを掲載しているが、公共建築は約20%を占め、その内プロポーザルで選定されたものは約75%、入札で選定されたものは約7%である。このことからも、良質な建築を求めるならば、入札でない選定方法を採用した方がよいことは明らかである。設計入札による低額な設計料で膨大な設計作業に当たらなければならない場合には、問題も発生しやすい。アメリカでは1972年にブルックス法が連邦法として成立されQBS（Quality Based Selection）による選定方式が社会システム化されている。わが国も、設計入札の原則をやめなければ、建築自体や建築設計の質を担保することは難しいと気づかねばならない。現在、日本建築学会、建築職能団体、日本学術会議等で知的生産者（設計者等）を設計料の多寡によって選定する競争入札の原則を改正するよう、運動がなされている[*1]。今後の展開に注目したい。

3-2-2 監理者の選定

施工段階で設計の意図を明確に施工者に伝え、より良い品質の建築をつくるためにも、設計と監理のより密接な連携が本来的には不可欠である。それにより設計・監理者として一体的に業務にあたり、責任をとることができる。近年、設計者と監理者を分離するケースも出てきている。

a. 設計者が監理者となる場合

材料費の高騰などで当初予定した材料を変えなければならなく

QBS：資質評価選定方式。設計者としての資質、実績、人格を審査し設計者を選定する方法。必要に応じて、候補者の代表作品の視察や、その建築物について建築主等へのヒアリングを行い、順位づけを行う。最上位の候補者は建築主と設計内容や業務内容、期間、報酬等について確認し、両者合意の下で設計者として選定される。

[*1] 知的生産者選定に関する公共調達の創造性喚起、日本学術会議 土木工学・建築学委員会 デザイン等の創造性を喚起する社会システム検討分科会、2014年9月30日提言

なったり、建築主の建築物の使用方法の変更など、施工段階での変更も多い。この場合、設計者と監理者が同一人物であるか、建築士事務所が同一であれば、変更について設計者と監理者が総合的な検討と調整が容易である。後の章で説明するように設計変更はトラブルの原因となることが多く、このようなトラブルを回避するためにも、設計と監理を一体化、一元化することが望ましい。

b. 設計者以外の監理者が選定される場合

第三者監理方式 ➡ 4-3-1

近年では設計と監理が分離される場合が見受けられ、公共建築においては、第三者監理方式が採用されることがある。従来、公共建築の場合、設計は外部の建築士事務所に委託しても監理は建築主の組織内で行っていたが、近年は監理も外部に委託することが多く、設計者とは異なる建築士事務所に委託するケースも見られる。

このような場合は設計意図伝達業務は設計者に委託され、色彩や材料等の選定を設計者が施工段階で行う場合が多い。いずれも、設計者、監理者が別々に委託される場合には、設計者、監理者、施工者の連携がいっそう重要であり、建築主としても監理者の選定は慎重に行う必要がある。

c. 住宅等における監理のリスク

住宅等では、設計者が監理者となることが大半であるが、監理を建築主が別の建築士事務所に委託するケースもある。極端な事例では、監理業務を不要とする建築主が現れることもある。13章の事例のように、建築主の要求のままに確認申請の提出時に「工事監理者」として記名し、監理契約を結ばず監理業務を行わなかった場合、設計者が不法行為にもとづく責任を追及される紛争につながる可能性がある。したがって、監理を設計者に頼まない場合、紛争となるケースが多く、そのような住宅設計を受託することはきわめてリスクが高いことを認識すべきである。

3-2-3 施工者の選定

建築紛争から建築生産を考えると、施工者の選定はきわめて重要であり、工事費の多寡という点だけで選定を行うと、紛争リスクが高くなると考える必要がある。また、技術力や現場管理能力が不足する施工者を選定すると、建築物の仕上りが精度に欠け機能を十分に発揮できないなどにより、設計者や監理者の責任が問われる可能性がある。設計者は、建築主の立場を十分に配慮しながら、施工者の技術や作業員の確保、工事費、工期などの管理能力があるかどうかを見極め、適切に建築主に助言することが求められる。

良い品質の建築をつくるためには設計と施工を分離すべきであるが、アメリカのような訴訟社会では問題の責任の所在を設計者と施工者間で争うのを嫌い、建築士事務所と施工会社がコンソーシアム

を組んで設計・施工一括で受注するデザインビルド（日本式の設計施工一貫方式とは異なる）が多くなってきたと言われる。いずれにしろ、優れたデザイン力とともに、調整能力のある設計・監理者と技術力のある施工者が選ばれることが、建築紛争のリスクを減らす第一歩である。以下では施工の発注について概観していく。

(1) 工事の流れ

工事は、建築主と工事請負契約を結んだ施工者が、元請工事業者として多数の職種に及ぶ下請け工事業者を取りまとめて進められる。施工者は、工事工程、工法および仮設等の施工計画を立案し、建設機材、工事資材等の調達、下請工事業者、専門工事業者、材料・機材メーカー等を選定して、その責任のもとに工事を進める。

工事完了時に、建築主または監理者による完成検査、建築主または指定確認検査機関の完了検査、消防署等の検査を経て、検査済書の交付を受ける。この後、建築物等の所有権が建築主に移され、工事代金が精算されて、工事請負契約は完了する。

(2) 工事の発注方式

工事の発注方式には、主に以下の四つの方式がある。

・直轄・直営方式：施工管理能力のある建築主が直接施工にあたる方式で、社会的に分業化の進む近年では実施例が少ない。
・一括請負方式：建築主と総合建設業者である工事業者が工事全般にわたる工事請負契約を結び、コストおよび工期の厳守、品質確保等の施工上の責任を一元的に負う。
・分離発注方式：建設工事と各種設備工事を分割して発注する方式。コストの透明化と低減を図ることが目的とされる。
・CM方式（コンストラクションマネージメント方式）：建築主に代わるコンストラクトマネージャーが、技術的な中立性を保ちながら建築主の側に立って、設計の検討や工事発注方式の検討、工程管理、コスト管理等のマネージメント業務を行う。近年、これに類する多様な発注方式が見られるようになった。

(3) 施工者の選定方法

施工者は、競争性を重視する競争入札、あるいは見積合せや非競争的な特命によって選定され、建築主と工事請負契約を結ぶ。

公共工事において、国の発注では新築はプロポーザルが主流となっているが、地方自治体では競争入札により施工者が選定されるケースが依然として多い。これは、会計法、地方自治法の規定の名残であるが、近年、低入札による品質低下を防止するため低入札価格調査制度や最低限価格制度などの導入も見られる。競争入札は、

応札する工事業者は請負金額を入札して、原則として最低金額の応札者が落札し、施工者に選定される方式である。

　競争入札には指名競争入札と一般競争入札がある。指名競争入札では、工事の難易度に応じて工事実績や技術力のある工事業者が複数指名され、その中から入札により施工者が選定される。一方、近年では参加資格を満たす不特定多数の工事業者が参加する一般競争入札が行われるようになってきた。また、工事価格と工事品質の均衡を図るために、入札金額と技術力を総合的に評価する総合評価落札方式も行われるようになってきている。

　民間工事では、見積合せ、特命あるいは指名競争入札により施工者が選定または特定される。

　・見積合せ：複数の工事業者から提出された見積書について、金額、内容等を比較、検討し、総合評価の上、施工者を選定する。
　・特命：過去の実績を重視して、建築主の信頼度が高い工事業者を施工者に特定する方式。民間工事の発注に多く見られる。

(4) 設計施工の分離方式と一貫方式

　建築生産において、設計・監理と施工は一連の流れにある別個の業務である。設計者、施工者を分離してそれぞれを別の企業、事業体から起用する設計施工分離方式と、一企業あるいは一事業体を設計者および施工者として起用する設計施工一貫方式がある。

　設計施工分離方式では、施工者は、設計者が作成した設計図書にもとづいて、入札等による工事見積額により、あるいは工事見積額だけでなく工事業者としての技術力や工事実績等の総合評価により選定される。

　公共工事の発注では、長年にわたり、良質の建築物を合理的な価格で調達するために、設計は建築主自らが行うか、設計能力の高い設計者に委託し、原則として設計と施工を分離し競争性と透明性を確保してきた。

　設計施工一貫方式では、施工者は初期段階から建設計画に参画し、工事費概算額、工事期間、品質等について検討を始める。一般的には設計の開始時に、建築主と設計および施工を一括して契約を締結した上で設計に着手し、実施設計終了時に確定した設計内容にもとづいて監理、施工の合意書を取り交わし着工する。なお、工事請負契約の趣旨に則り、設計開始時に設計の合意書を取り交わして、後に実施設計、監理、施工を一括して契約する場合も多く見られる。

3-3　建築生産を取り巻く環境の変化

建築生産を取り巻く環境は社会に呼応して変化し建築への要求も変化する。これらの変化に伴い建築紛争のリスクも拡大している。設計者は社会的変化、法的変化、技術的変化に精通し対応していかなければならない。

3-3-1　建築の法的環境の変化
（1）建築基準法、建築士法の変遷

現在の建築に関する規・基準を定める法律である「建築基準法」は、第二次世界大戦後の社会変化と建築技術の進歩に伴い、それまでの「市街地建築物法」［1919（大正8）年］に代わって1950（昭和25）年に制定された。「市街地建築物法」は、保安、衛生、または都市計画上必要な建築物の制限を主たる内容としていたが、その具体的な内容をほとんど政令に委ねていた。これを改めて、戦後の社会的な要請に応じて建築の質的改善によって災害の防止と国民生活の向上を図る「建築基準法」が制定された。国民の権利義務に関する重要事項はすべて法律で具体的、かつ詳細に規定し、以降に全国で建設されるすべての建築物はこの法律を基準としている。その後、地震災害や大規模火災への対応、土地の高度利用や日照権などまちづくりの観点からの要請への対応、性能規定への対応など、社会事象の変化に対応して改正が行われてきた。また、合理的かつ実効性の高い建築基準を構築するため、木造建築関連基準や構造計算適合性判定制度の見直し、容積率制限の合理化、建築物の事故等に対する調査体制の強化等について2014（平成26）年に大規模な改正が行われた。

性能規定 ➡ 4-2-2、8-2-2

建築士の資格を定めている建築士法もまた、社会の状況に応じて改正されている。もともと建築士法は名称がその都度変わりながら、明治から国会で何度も議論されながらも法制化に至らなかった。1950（昭和25）年に議員立法によってついに「建築士法」が制定され、施行された。一級ならびに二級建築士制度は翌1951（昭和26）年から、木造建築士制度は1984（昭和59）年から施行され、現行制度の形になった。その後、数度の改正を挟み、構造計算書偽装事件をきっかけに、2006（平成18）年には、建築士定期講習と管理建築士講習の導入、新たな資格である構造設計一級建築士、設備設計一級建築士の認定等、法制度全般にわたる改正が行われた。また、重要事項説明の実施義務化や設計図書の15年間保管義務化など紛争回避策も盛り込まれている。さらに、2014（平成26）年には、書面による契約の義務化、業務報酬に関する国土交通省告示第15号に規定する報酬基準への準拠の努力義務化、管理建築士の

重要事項説明 ➡ 5-2-1

書面による契約 ➡ 5-2-2
業務報酬 ➡ 6章
国土交通省告示第15号 ➡ 4-1-1

責務と権限の明文化などが盛り込まれた。

(2) 法規の多岐化

建築基準法や建築士法に加え、都市計画法、建設業法、建築物の耐震改修の促進に関する法律やバリアフリー法、住宅の品質確保の促進等に関する法律などが制定され、建築関係法令の整備は多岐に及んでいる。近年、設計にかかわる法令の内容は従来に増して多岐にわたり専門的になってきている。建築は、人々の生活と密接に結びついているので、社会状況の変化とともに建築に対する要請も変化する。それに応じて関連法規も整備されるため、設計者はこれらの法規の最低限の内容や最新情報を知っておく必要がある。基本的な建築関連法規は表3.1のとおりである。

表3.1 基本的な建築関連法規
(日本建築学会編、建築法規用教材、p.2、一部改変)

法規の性格など	主な法規
設計、施工、工事監理に必要な基本法令	建築基準法、消防法、都市計画法、建築士法、建設業法、労働安全衛生法
優良建築物促進関係法	建築物の耐震改修の促進に関する法律、高齢者・障害者等の移動等の円滑化の促進に関する法律、エネルギーの使用の合理化等に関する法律、都市の低炭素化の促進に関する法律など
都市・市街地整備関係法	景観法、都市緑地法、地域における歴史的風致の維持及び向上に関する法律、都市再開発法、密集市街地における防災街区の整備の促進に関する法律、港湾法、駐車場法、流通業務市街地の整備に関する法律、自転車の安全利用の促進及び自転車等の駐車対策の総合的促進に関する法律、土地区画整理法、道路法、幹線道路の沿道の整備に関する法律、集落地域整備法、国土形成計画法、都市再生特別措置法
住宅・宅地関係法	宅地造成等規制法、住宅の品質確保の促進等に関する法律、長期優良住宅の普及の促進に関する法律、建物の区分所有等に関する法律、マンションの建替え等の円滑化に関する法律、住生活基本法、特定住宅瑕疵担保責任の履行の確保等に関する法律、高齢者の居住の安全確保に関する法律
環境衛生関係法	建築工事に係る資材の再資源化等に関する法律、建築物における衛生的環境の確保に関する法律、廃棄物の処理及び清掃に関する法律、水道法、下水道法、特定空港周辺航空機騒音対策特別措置法、浄化槽法
その他の関連法規	民法、文化財保護法、屋外広告物法、大規模小売店舗立地法、特定都市河川浸水被害対策法、急傾斜地の崩壊による災害の防止に関する法律、被災市街地復興特別措置法、土地災害警戒区域等における土砂災害防止対策の推進に関する法律、電気事業法、高圧ガス保安法、ガス事業法、液化石油ガスの保安の確保及び取引の適正化に関する法律、医療法、学校教育法、児童福祉法、老人福祉法、旅館業法、風俗営業の規制及び業務の適正化に関する法律など

以下に建築関連法規の内容を簡単に記す。

(3) 建築基準法

建築基準法は、建築物の敷地、構造、設備および用途に関する最低の基準を定め、国民の生命、健康および財産を保護する目的で制定された。単体規定と集団規定から構成され、単体規定には、建築物の安全性にかかわる技術的な水準が定められている。集団規定には、都市計画にもとづいた地域指定による建築物の用途、建蔽率、斜線制限、耐火性能、安全性能等が規定されている。

単体規定 ➡ 8-2-2
集団規定 ➡ 8-2-1

建築主は工事の着手前に確認申請を行い、設計した建築物が、こ

確認申請 ➡ 8章

れらの規定やその他の関連法令に適合しているか否かについて、建築主事または指定確認検査機関による確認と、これにもとづく確認済証の交付を受けねばならないとしている。

(4) 建築士法

建築物の設計、監理を行う技術者の資格を定めて、その業務の適正化を図り、建築物の質の向上に寄与することを目的として建築士法が制定された。

a. 建築士

業務独占 ➡ 5-1-2

建築士には、一級建築士、二級建築士、木造建築士があり、これらの建築士でなければ設計または監理を行うことができない建築物の種類、規模、構造が定められている。この規定は、建築物の設計または監理を行うことは、公共的な性格が強く社会的に重大な責任を伴うものであるということを示している。

さらに高度な専門能力を必要とする一定の建築物の構造設計、設備設計については、構造設計一級建築士、設備設計一級建築士の関与を必要とするとしている。

b. 建築士事務所

➡ 5-1-3

管理建築士：建築士法第24条第1項に規定された建築士事務所を管理する建築士。管理建築士となるには、建築士法第24条第2項に規定された要件を満たす必要がある。

設計・監理業務を業として営むためには、建築士事務所登録が義務づけられている。その技術的な総括は管理建築士が行い、技術的事項を総括する立場としての専任性が求められている。2014（平成26）年の改正により、建築主の利益と公共の利益を一層重視して、建築士事務所の開設者に対する管理建築士の権限が強化された。

c. 設計図書と工事監理

設計図書とは、建築物の建設工事の実施のために必要な図面（原寸図またはその他これに類するものを除く）および仕様書を指し、設計は、そのものの責任において設計図書を作成することとし、工事監理は、そのものの責任において工事を設計図書と照合し、工事が設計図書どおりに実施されているかいないかを確認することとしている。

(5) 建設業法

建設業者の資質の向上、工事請負契約の適正化等を図ることで、適正な施工を確保し、発注を行う建築主および下請の建設業者を保護するとともに、建設業の健全な発展を促進する目的で制定された。

一定規模以上の工事を施工する建設業者について、建設業の許可や契約締結の要件を規定し、この許可にあたっては、経営能力、技術力、契約履行の誠実性、信用力等が審査される。

また、技術水準の確保のため、現場代理人や主任技術者、監理技術者などの技術者を工事規模に応じて建設現場に配置することにつ

いて定めている。

(6) その他の法規等
a. 住宅の品質の確保と瑕疵担保責任に関する法令
　住宅の品質や瑕疵担保責任に関する法令には「住宅の品質確保の促進等に関する法律」（住宅品確法）、「特定住宅瑕疵担保責任の履行の確保等に関する法律」（瑕疵担保履行法）がある。

　「住宅の品質確保の促進等に関する法律」では、住宅性能評価制度による設計住宅性能評価書、建設住宅性能評価書を通じて、住宅の性能と品質を確保するとされている。

　「特定住宅瑕疵担保責任の履行の確保等に関する法律」は、住宅の基本構造部分等に関する瑕疵担保責任の履行について、事業者の保険や供託による手立てを規定し、消費者の保護を図っている。

b. 地方自治体の条例
　地方自治体の条例として建築基準条例等[*2]がある。建築基準法にもとづいて、都道府県がそれぞれの気候や風土の特殊性を加味し、特殊建築物の用途や規模等に応じて、安全上、防火上、衛生上に必要な事項を定めている。

　一定規模を超える中高層の集合住宅等の市街地建築物については、建設に伴う建築紛争の未然防止と紛争の迅速かつ適切に解決を図ることを目的とする条例が、多くの自治体で制定されている。

　なお、これらの法令および条例の規定に適合することは、確認済証、検査済証の交付の前提である。

[*2] 東京都では安全条例、他の道府県等の自治体では建築基準法施行条例

(7) 民法改正による変化
　2015年3月現在、民法の大改正が予定されており、将来的な話ではあるが、設計者にとっても大きな影響があると言われる改正内容が予想されている。なかでも大きな変化が、「委任」の概念の改正と言える。設計・監理契約は、民法第656条の「準委任」に該当するとされてきた。ところが、今回の改正、とくに現行の第634条の改正と第635条の削除により、「請負」との区別がなくなり「役務提供」としてまとめられる可能性がある。業務に呈する責任は強化される一方で、プロジェクトが何らかの理由で止まった場合などに、それまでの業務割合に応じた報酬が得られなくなるなど、報酬と責任の面で懸念が議論されている。

　同じく現行の第635条、第636条等の改正により今まで建築紛争でも多く扱われてきた「瑕疵」という法律用語が用いられなくなり、「種類又は品質に関して契約に適合しない目的物」という言い方に代わることになる。また、民法第638条（土地工作物の瑕疵についての請負人の担保責任の存続期間）が削除される。これは存続期間

の起算点の考え方の変更、また存続期間が通知の期間として定められるというものである。今後は設計契約を「設計図書の作成業務」というように契約内容を明確にしておくことが求められそうである。いずれにせよ、今後ますます契約ならびに契約約款の位置づけが重要になってくるだろう。

3-3-2　建築生産の環境変化
(1) 建築技術の変化
　産業界でのさまざまな技術革新や新材料開発などによって、建築技術も変化、進歩してきている。高水準な品質性能が実現可能となるのと同時に、性能に対する要望も多様化している。たとえば窓周りの水密性について、高気密高断熱が標準となっていることが多い。さらに空調機器の普及に伴い窓を開けることが少なくなり騒音への心理的抵抗力が下がることで、小さな音でも不満につながりやすい。リスクヘッジするためには、設計者は、事前に建築主の求める性能についてきっちりとコミュニケーションを図り合意を得る必要がある。標準的な基準値で得られた性能と建築主が心理的に求めている性能とのずれに配慮するといった対応も必要であろう。

　技術革新によって、施工の平準化が進み、精度の高い施工が低い技術で可能になった。一方で職人の技として受け継がれてきた木造建築物の継手や仕口等の伝統的な建築技術が失われつつある。古建築の解体修理に伴う研究や伊勢神宮の式年遷宮などのように伝統を継承する事例はともかく、需要が低い一般的な技術は継承が難しく今後失われていく可能性が高い。今日当然と考えられている施工技術であっても現場において施工方法がわからないといったトラブルが今後現われることも想定しなければならない。

(2) ストック対応の変化
　わが国は建築の長寿命化に対する課題とその解決に対する知識や実績の蓄積が乏しい。今後新しい建築技術を古い建築に適用させることが要望される場合も出てくる。将来的に「新築」よりも「改修」が設計者の主たる業務になることも考えられる。既存建築物に現在の技術を適応させるために、過去の技術や材料に対する知識が改めて求められることもあり、施工体制も新築と比較して成熟しているとは言えない。また、改正が繰り返される建築関連法規によって既存不適格な建築物が増大し、それへの対応を求められることが多くなる。また、改修は新築よりも建設全般にわたって業務が大変複雑でしばしば時間、費用が必要となり、設計業務に対する費用面で建築主の理解が得にくいことも予想される。部分的には資格のない設計者が参入しやすい領域でもあり、場合によっては資格のない設計

者が行う法を無視した設計も含んだ無自覚、無責任な設計行為と比較されることもあるだろう。これらに対して設計者として毅然とした態度で対応しても怠慢と誤解されるケースも考えられる。

(3) 建築生産の体制・業態の変化

建築生産において専門性が多岐に及ぶため、専門分化、分業化、協業化が進んでいる。それらの分散した作業を一つに統合して建築生産を推進していく役目を設計者が担い、全体に対して責任の一端を負うことになる。同時に産業全体の方向性として工業製品と同等の品質確保の安定化とコストの低価格化への対応も迫られている。建築物は一品生産であるとの理解を得ることもなかなか難しいと言え、建築物に対しても工業製品同様の精度を求められると、やはりトラブルの原因になることは想像に難くない。

建築を取り巻く環境が多様化していく中で、JVやコンソーシアムなど設計および施工の業態も多様化してきている。建設だけではなく、建築物による事業の運営や管理までを対象としたPFIに代表される包括的な建設計画も多くなっている。関係者が増えるということは、紛争時に解決により多くの時間がかかることを意味する。その中で、設計・監理者は建築生産に携わる人々の調整的な役割を果たすことがますます求められている。そして多くの関係者にそれぞれの役割を明確に示し、管理・運営も含めた長期間にわたり相互の円滑な関係を保持するように努めなければならない。

JV：Joint Venture の略。複数の企業等がある事業を共同して遂行することを目的として形成する事業組織体。

PFI：Private Finance Initiative の略。民間の資金や経験・能力を活かして、公共施設等の建設、運営、維持管理などを行うこと。

3-3-3　社会背景の変化とリスクの拡大

(1) コミュニティの変化

建築生産をとりまく社会的な背景は、目まぐるしく変化している。建築にかかわる紛争が増えている一つの要因としてあげられるのが日本的コミュニティの劣化である。かつては、表立った議論や争いを避け、互いに互いを気づかう日本人特有の気質から、紛争が人間関係の中で処理されてきた。現在でも関係が良好に持続されている間は、この気質によって積極的なコミュニケーションを避けているケースも多く目につく。建築主も設計者、施工者間の理解が不十分なままで、いったん関係がこじれてしまうと、かつてのような修復プロセスが機能せず、許容できるような小さな問題が、個々の権利意識によって大きな紛争につながるケースが多くなっている。

(2) 情報環境の変化

情報化社会によって市民が建築に関する広範な知識を獲得できる環境になっていることもリスク要因にあげられる。インターネットによって情報を容易に取得できることは、建築生産の理解に恩恵を

もたらす一方で、不正確な情報や条件設定が一方に偏した情報も同列に氾濫する状況を生み出している。情報の優劣を選別する知識が少ない市民が中途半端に専門知識と触れる弊害もあり、設計者は自身の専門性への信頼を獲得するために、より正確で深い知識と建築主へ丁寧に説明する努力が求められる。

参 考 文 献
(1) 斎藤隆・大森文彦 他、建築関係訴訟の実務、新日本法規出版（2002）
(2) 大森文彦、建築工事の瑕疵責任入門、大成出版社（2007）
(3) 日本建築学会 編、建築紛争ハンドブック、丸善（2003）
(4) 東京弁護士会弁護士研修センター運営委員会 編、建築紛争の知識と実務、ぎょうせい（2011）

第 II 編
設計者、監理者としての業務と契約

　建築はときに設計者の作品とよばれ芸術的側面が強調されることがあるが、その多くは他者の資金によってつくられるため、建築を設計するという行為のベースにはデザインを含めた社会的な契約が必ず存在する。ここでは設計・監理という行為の役割、業務の範囲と対価、そして契約について具体的に学ぶ。

4 設計・監理の業務範囲

4-1 設計の段階と設計図書

「設計図書」とは建築物の建築工事の実施のために必要な図面及び仕様書を、「設計」とはその者の責任において設計図書を作成することをいう、と建築士法によって規定されている。国土交通省告示第15号では、一般的な設計業務委託契約にもとづいて行う設計業務を、基本設計に関する標準業務、実施設計に関する標準業務、工事施工段階で設計者が行うことに合理性がある実施設計に関する標準業務の3段階としている。しかしながら設計者はこれらの標準業務のみならず、標準業務に付随する標準外の業務や設計前段階で行う必要のある業務についても、正しく理解しておかなければならない。

4-1-1 設計とは

「設計」という行為が一般に理解されにくい大きな要因は、その形に見えない作業が膨大に広がっている実態であろう。設計者自身も設計は何をする仕事かと問われてすぐに説明できるものでもない。「設計」が突然始まることはなく、テーマに沿って何か企画案がないかという唐突な声掛けや、新しく始める事業の検討に参加してほしいという誘いや、すでに始まっている建築の監修をしてほしいという相談などから建築主との交流が始まり、それがその後の設計業務としてのスタートになることも多い。建築が建築主にとって大きな事業である場合、技術的なかかわり以外にも「設計」が事業に経済的影響を与えるために、その検討にも設計者が多く参加することになる。

このように建築の設計業務は多岐にわたるが、本章では、平成21年国土交通省告示第15号（以下告示15号という）を中心に設計業務を分析しつつ、実際の業務範囲をも見据えた説明を加えている。

4-1-2 設計前業務を加えた「設計の段階」

本章では、建築士法や告示15号の枠を超えて広義の設計業務の流れを、Ⅰ、Ⅱ、Ⅲ、Ⅳ-1、Ⅳ-2の5段階に分けて捉えている。告示15号で述べている設計業務は、5段階のうち、後半のⅢ、Ⅳ-1、Ⅳ-2段階の3つのフェーズに当てはめられる。告示15号の標準業務は、設計業務に必要な情報が提示されていることを前提条

「設計監理」と「設計・監理」の区別：本書で用いている「設計・監理」の表現は設計業務および監理業務を並列的に行う場合を意味するもので、「設計監理」の表現（設計者が監理業務まで含めて一貫して行う場合の用例）とは区別している点に留意されたい。

国土交通省告示第15号：建築士法第25条にもとづき、建築士事務所の開設者がその業務に関して請求することのできる報酬の基準を定めたもの。平成21年公布。

件としているが、標準業務である「基本設計」以前の作業が実は重要な側面をもっている場合も少なくない。

そもそも、標準業務というのは、建築士事務所の開設者が、業務に関して請求することのできる業務報酬基準の前提となる標準的な業務内容を定めるものであり、必要なすべての業務が網羅されているわけではなく、標準化になじまない内容は含まれていない。基本設計前の業務は、建築主側の体制や事業の進捗度あるいは設計者の関与の仕方など、プロジェクトごとに業務内容に差異が大きいことなどから、標準業務の対象とされていない。同様に、各設計段階の業務においても標準業務に含まれない追加的業務、つまり「設計に関する標準業務に付随する標準外の業務」や「オプション業務」があることに注意が必要である。

段階	告示で定めた標準業務 （報酬基準の対象）	標準外業務
Ⅰ 調査・企画	—	建築主の条件整理の支援
Ⅱ 基本計画	—	設計条件の整理確認
Ⅲ 基本設計	1）設計条件の整理 2）法令上の調査 3）インフラ供給状況調査 4）基本設計方針の策定 5）基本設計図書作成 6）概算工事費の検討 7）基本設計内容の報告	一）住宅性能評価にかかわる業務 二）エネルギーの効率的な利用 三）建築物総合環境性能評価システム 四）耐震診断など 五）防災に関する計画 六）建築主からの代替案の評価 七）詳細工事費の算定 八）維持保全に関する計画
Ⅳ-1 実施設計	1）建築主の要求の確認 2）法令上の調査打合せ 3）実施設計方針の策定 4）実施設計図書の策定 5）概算工事費の検討 6）実施設計内容の報告	
Ⅳ-2 施工段階での実施設計	1）質疑応答・説明 2）材料などの選定	
Ⅴ 監　理	1）工事監理方針の説明 2）設計図書内容の把握 3）施工図の検討、報告 4）工事と設計図書の照合 5）照合確認結果の報告 6）工事監理報告書 ※4）5）6）は、建築士法で定められた建築士の業務独占 上記1）〜6）と一体となって行われる業務 1）請負代金の検討 2）工程表の検討報告 3）施工計画の検討報告 4）請負契約との照合 5）引き渡しの立ち会い 6）関係機関の検査立ち合い 7）工事費支払い審査	一）住宅性能評価にかかわる業務 二）エネルギーの効率的な利用 三）工事請負契約の締結の協力

図 4.1　設計・監理業務の各段階における標準業務と標準外の業務

本章では「基本設計」以前の業務を「設計前業務」として、「調査・企画」と「基本計画」の2段階を加えている。ここで加えたⅠ、Ⅱ段階の業務は近年その重みが増しており、また良い建築をつくるための不可欠の業務とも言えるので、住宅など比較的小さな設計であっても必要となる場合が多い。

また、「建築主側で用意すべき条件」とされている「設計前業務」から設計者がかかわるケースが増えている理由は、設計条件整理も専門知識が必要であり建築主側だけで行うのではなく、設計者とともに検討したいという建築主側の要望の表れであり、建築主の設計への参加意欲も高まってきていると考えてよい。設計条件の設定にも法的な制約やコスト面等の課題が多くあり、その解決に専門家の協力を得て慎重に行うべきであるという考えが強まっていると考えられる。

これら「設計前業務」を合わせた5段階のフェーズによって設計業務が成り立っているが、業務を行う上では各フェーズの中には、告示15号で定められている標準業務と標準外の業務が混在しており、それらを整理したものを図4.1に示す。この設計の5段階それぞれに明確な境界があるわけではなく、相互に入り込んでいるが、こうした各段階を意識しながら業務を進めることが必要である。

(1) 第Ⅰ段階：調査・企画（建築主の計画建築条件の整理支援作業）

本来、設計条件は建築主側が設計者に提示すべきものであるが、敷地の決定以前に相談を受ける場合や、または敷地は入手しているが建築物の内容が確定していないなどの場合、設計者は、設計スタートとなる設計条件の整理作業から着手することになる。計画の対象敷地が立地要件として妥当か、敷地面積、道路付の状況、用途地域など地域地区の指定関係、インフラの状況、地盤状況、防災要素、近隣の状況などが主な調査・整理の対象である。設計者は候補敷地が対象敷地として適当かどうかを調査すると同時に、計画建築物に必要な基本的要件としての法的な制約や、運営上の条件なども整理し、建築主にアドバイスする。建築主の希望している計画に見合う敷地であるか見極めるためには、行政関係の手続きも概略的に把握することが必要である。

第Ⅰ段階は初歩的段階でありながら、建築計画上の重要な作業になる。計画にかなり踏み込んだ作業であり、後の作業に大きな影響を及ぼすものである。この段階では、敷地や建築物の規模も不確定であり、用途や構造なども以降の展開に左右される不確実な状況であるからこそ、上記の作業は建築主の要件整理をサポートする大事な業務として捉えるべきものと言える。この段階の業務は告示15号の標準外の業務であり、同告示の標準業務量には含まれていない

設計条件：企画・計画・設計をする上での指針と制約。建築主からの建築物に対する要望、予算、時期、敷地環境データなどをいう。

ことから、本来は別途に報酬を請求することのできる追加業務となる。

(2) 第Ⅱ段階：基本計画（設計条件の絞り込み、整理、確認作業）

　第Ⅱ段階にあっても計画建築物の概要は実際のところ不確定であるが、敷地の目処がつき、計画建築物の具体的な調査検討に入ることができる段階である。建築主の提示する設計条件に一定の方向性が見え、いよいよ基本設計に入る直前の設計条件の整理作業になる。計画建築物が収益をもたらす建築物であれば、その運営または経営収支のケーススタディが行われ、収支上の境界条件をこの段階で把握する必要がある。どのくらいの規模の建築物で、どのような投資額（工事額）をもって収支バランスが取れるのか、建築主の考えている予算枠との関連の把握が可能になる。

　また、計画建築物の建物の空間構成や予算配分の検討と同時に、環境計画、地域計画、その土地が持っている歴史性など、敷地を取り巻く広い観点からバランスを考慮した検討も重要な課題となる。設計条件の検討はより具体的になり、計画建築物の構造方式、階数、仕上げのイメージ、設備の方式などのたたき台があがってくる時期でもある。同時に、これらを進める上での法規制の最低ラインのチェックが必要な時期とも言える。

　設計作業はチーム作業で進められるので、方針を途中で変更することは協同で作業している多くの人々に大きな負担をかけてしまうことになる。この段階で大掴みな検討を行い、基本設計に入ってから後戻りのないように進めなければならない。

　基本計画方針が策定されれば、設計業務の委託契約を締結するための書面を交付する阻害要因はなくなることになる。告示15号では、設計に必要な情報が提示されていることを前提に設計業務に対する報酬基準を定めているので、ここまでの設計前業務については、報酬基準の対象外となる。

(3) 第Ⅲ段階：基本設計（建築主との設計条件の合意確認）

　設計においてもっとも重要な段階はこの第Ⅲ段階・基本設計と言っても過言ではない。この段階を完了するためには、設計者は建築主と設計内容の合意の確認をしなければならない。

　第Ⅱ段階でまとまった基本計画方針に則って進めるが、第Ⅱ段階までに整理されたさまざまな条件を再確認しつつ修正が行われる場合もある。告示15号では標準業務として以下の項目があげられている。

1) 設計条件等の整理（設計条件が不適切であったり、矛盾があった場合は設計条件を変更する）
2) 法令上の条件の調査と関係機関との打合せ

3）インフラの供給状況調査
4）基本設計方針の策定と建築主への説明
5）基本設計図書の作成
6）概算工事費の検討
7）基本設計内容の建築主への説明、合意

　この段階以降の条件の変更は、建築主も設計者も互いに負担が大きいため、極力避けなければならない。構造や設備の設計で選択した方式が、建築主にとってどういう意味をもつかを丹念に説明しなければならない。快適な空調設備もランニングコストが想定内なのか、構造を変えることで空間がどう変わるのか等、設計者が辿った検討過程を理解してもらう必要がある。建築主に設計方針を説明し合意を得て、設計者と建築主とが同じ目的意識をもつことが、この次の段階である実施設計を円滑に進めることにつながる。建築は、多額の資金が動く事業であり、建築主はつねに工事金額に注意していることを忘れてはならない。

> ランニングコスト：建物の維持、保守管理に必要な費用。

(4) 第Ⅳ-1段階：実施設計（基本設計にもとづく、工事施工者への設計意図の伝達）

　基本設計終了時に、基本設計方針とともに基本設計の内容や工事概算額も建築主の承認が得られていることから、第Ⅳ-1段階である実施設計では、建築主と合意した設計内容を施工者に確実に伝えるための設計図書をまとめあげることが目的となる。標準業務として以下の項目が告示15号であげられている。

1）要求等の確認（建築主と機能、規模、予算等の基本条件を確認し、場合によっては基本設計の変更を建築主と協議）
2）法令上の条件の調査と関係機関とのより具体的な打合せ
3）実施設計方針の策定（実施設計のための基本事項の確定と建築主への方針説明）
4）実施設計図書の作成
5）概算工事費の検討
6）実施設計の内容の建築主への説明

　基本設計が完了すると、具体的な方針や作業が目に見えてくるようになるので、実施設計作業の具体的工程を作成し、工事着手の時期も建築主と合意しておく。複雑な設計内容となる場合は、設計期間も十分に取れるように建築主に説明をし理解を得る。その間も、要所要所で建築主との打合せや報告は欠かさないようにする。

　実施設計での詳細な検討の結果、基本設計と異なる方向性が出てきた場合は、早めに建築主と協議することが大事である。建築主を置き去りに、設計者が独走するようなことがあってはならない。
　当然ながら、意匠図、構造図、設備図に齟齬がないようによく打

ち合わせ、チェックを行う。とくに設置設備の詳細図（電気設備、空調設備、給排水設備など）をもとに必要スペースを割り出し、それぞれの関係性を整理する。

積算：設計図書にもとづいて、数量と単価を算出し、工事費を計算すること。

一通りの図面がそろった段階で積算を行う。積算は積算事務所に外注する場合がある。基本設計での概算工事費を逸脱した金額となった場合は、さらに検討調整を行い、調整しきれない場合は原因を把握した上で再度建築主と協議することになる。

確認申請 ➡ 8章

この第Ⅳ-1段階の中で、各種申請関係の工程に則り、確認申請をはじめとする申請提出図面を作成し、書類とともに各申請機関へ提出する。すべての最終図面を揃えて、施工者の選定、工事請負金額の決定、工事請負契約の締結に備える。告示15号では、このような建築主と施工者の工事請負契約の締結に関する協力に係る業務は「工事監理に関する標準業務に付随する標準外の業務」とし、本章では第Ⅴ段階・監理の業務範囲としている。

(5) 第Ⅳ-2段階：工事施工段階で設計者が行うことに合理性がある実施設計に関する標準業務

表題に関して告示15号での文章は以下のとおりである。「工事施工段階において、設計者が、設計意図を伝えるため、前号ロに掲げる成果図書（実施設計図書のこと）に基づき、質疑応答、説明、工事材料、設備機器等の選定に関する検討、助言等を行う、次に掲げる業務をいう。」次の業務とは、以下のとおりである。

1) 質疑応答、説明等。
2) 工事材料、設備機器の選定に関する設計意図の観点からの検討、助言。

工事着手後から完成までの作業ではあるが、設計意図を正確に伝えるための質疑応答や説明、すなわち設計意図の伝達業務は設計者が行うとしている。建築士法第2条で、「『工事監理業務』とは、工事と設計図書とを照合し、それが設計図書通りに実施されているかいないかを確認する」とされ、明らかに工事監理者が行う業務からは外れているので、設計意図の伝達機能としての設計図書の役割を補完する作業として捉えれば理解しやすい。

2）については、工事材料、設備機器の選定はもちろん、それらの色、柄、形状等に関しても設計意図の観点からの検討、助言を行うことも設計者の業務としている。

表 4.1 各設計段階における成果図書（Ⅲ、Ⅳ-1 段階については国土交通省告示第 15 号より）

業務区分の段階	設計図書など			
	意匠・その他	構造関係	電気設備関係	機械設備関係
Ⅰ 調査・企画	①報告書 ②計画書	①地盤調査報告書	①調査報告書	①調査報告書
Ⅱ 基本計画	①敷地図 ②配置図 ③概略平面図 ④概略立面図 ⑤面積概算表 ⑥イメージパース ⑦予想日影図 ⑧予想工程表	①地盤調査報告書 ②構造計画説明書	①電気設備計画説明書	①給排水衛生設備計画説明書 ②空調換気設備計画説明書
Ⅲ 基本設計	①計画説明書 ❷仕様概要書 ❸仕上概要書 ④面積表および求積図 ⑤敷地案内図 ❻配置図 ❼平面図 ❽断面図 ❾立面図 ❿工事費概算書	①構造計画説明書 ❷構造設計概要書 ❸工事費概算書	①電気設備計画説明書 ❷電気設備設計概要書 ❸工事費概算書 ④各種技術資料	①給排水衛生設備計画説明書 ❷給排水衛生設備設計概要書 ③空調換気設備計画説明書 ❹空調換気設備設計概要書 ❺各設備工事費概算書 ⑥各種技術資料
Ⅳ-1 実施設計	❶建築物概要書 ❷仕様書 ❸仕上表 ❹面積表および求積図 ❺敷地案内図 ❻配置図 ❼平面図（各階） ❽断面図 ❾立面図 ❿矩計図 ⓫展開図 ⓬天井伏図（各階） ⓭平面詳細図 ⓮部分詳細図 ⓯建具表 ⓰工事費概算書 ⓱各種計算書 ⓲その他確認申請に必要な図書	❶仕様書 ②構造基準図 ❸伏図（各階） ④軸組図 ⑤部材断面表 ⑥部分詳細図 ❼構造計算書 ❽工事費概算書 ⑨その他確認申請に必要な図書	❶仕様書 ❷敷地案内図 ❸配置図 ④受変電設備図 ⑤非常電源設備図 ⑥幹線系統図 ❼電灯コンセント設備平面図（各階） ⑧動力設備平面図（各階） ⑨通信情報設備系統図 ⑩通信情報設備各階平面図（各階） ⑪火災報知機設備系統図 ⑫火災報知機設備平面図（各階） ⑬屋外設備図 ⑭工事費概算書 ⑮各種計算書 ⑯その他確認申請に必要な図書	❶仕様書 ❷敷地案内図 ❸配置図 ④給排水衛生設備配管系統図 ❺給排水衛生設備平面図（各階） ⑥消火設備系統図 ⑦消火設備平面図（各階） ⑧排水処理設備設計図 ⑨空調換気設備系統図 ⑩空調換気設備平面図（各階） ⑪その他設置設備設計図 ⑫部分詳細図 ⑬屋外設備図 ⑭工事費概算書 ⑮各種計算書 ⑯その他確認申請に必要な図書
Ⅳ-2 工事施工段階で設計者が行うことに合理性がある実施設計に関する標準業務	❶質疑応答書 ❷説明書 ❸材料、設備機器の選定に関する検討書			

※国土交通省告示第 15 号で示されている中で、戸建木造住宅の場合は黒丸のみ

4-2　設計図書の役割

建築士法で指す設計図書とは建築工事の実施に必要な「図面」と「仕様書」を示しているが、3次元の建築空間を2次元の情報として表現する作業の成果品と言い換えることもできる。設計図書は、施工者に対し設計意図を総合的に伝達する手段として、工事中はもちろん、竣工後も修繕、保全、改修など維持管理上の重要な資料として用いられ、法ではその保管期間は15年とされている。

4-2-1　設計図書とは

「設計図書」という表現は、いわゆる2次元の図面だけではなく、また、法の定義とは別に敷地条件の制約の中で発注者の多様な要望を具体的に示すため、設計者の専門的な能力を用いながら作成する、文字表現の仕様書や質疑応答書、仕上表、建具表、その他、設計内容を表す書類の総称を言う。さらには模型やパース、BIM も設計図書と考えられる。大学等での設計では、図形としての図面表現に重点がおかれる一方、材料の仕様や工法についての表記はなじみの薄いものだが、実は実務ではそれが図面の重要な役目となっている。設計という作業がデザインの表現に留まることなく、性能や品質基準、施工方法を示し、設計の意図を明確に施工者に伝える総合的な生産情報となることが求められているからである。施工者にとっては工事費算出の根拠であり、実際に工事を進めていくときのよりどころ、指標となるものが設計図書であることを踏まえて、情報伝達力の高い設計図書とすることが設計者の任務であると言ってよい。最終的に積算の調整を行い、設計図書は設計者から施工者の手に引き継がれていく。

質疑応答書：設計図書への疑義とその疑義に対する応答（回答）。疑義は施工者側からで、設計者が応答する。
BIM → 1-2-6

4-2-2　仕様規定と性能規定

2000（平成12）年に建築基準法改正の施行によって「仕様規定」から「性能規定」へと移行した。「性能規定」は一定の性能を満たすことで、材料や工法の採用が自由になるという方式であり、図面表現にも変化をもたらした。また、性能を確保するという条件のもと、その中での仕様の選択が可能になることにより、工事費に大きな影響を及ぼす結果となる。

　図面の書き方については、各事務所や会社によってルールをつくっているところもあるが、国際規格（ISO 規格）にも対応している JIS ハンドブックで建築製図通則として収められているので参照するとよい。伝達ツールとしての設計図は、設計者の独りよがりやデザイン表現が先行し、図面としての役目を欠くことのないように、

仕様規定：防火、防音などを定める際に材料の種類や厚みなど具体的に仕様が明示された規定。設計者は仕様規定、性能規定いずれの方法でも選択できる。

設計者の意図が確実に第三者に伝わっていくように心がけなければならない。

4-2-3 設計図書が引き起こすトラブル

設計図書が引き起こすトラブルは、内容について設計瑕疵を問われるものの他、曖昧な表現や記載ミスによって、施工者への設計意図の伝達という、本来の役目を担えていないことに起因するものも多く見られる。かつて、図面への書き込みが多いと工費が上がると言われていたこともあるが、書かなかったことは、決めなかったことと受け止められることを覚悟しなければならない。

また、2006（平成 18）年の建築士法改正で、建築士事務所の開設者の義務として、設計図書の保存期間が従来の 5 年から 15 年に延長されている[*1]。修繕、保全、改修など維持監理をしていく上で重要な資料でもあるので、建築物が存在する限りは設計図書を保存することが望ましい。

とくに意匠関係の各図面についてその役割を表 4.2、4.3 に示した。ただし、同じ図面名称であっても、縮尺によりその表す内容が異なる場合があるので注意したい。表 4.2 の図面類は、主要図面として一般図とよばれ（断面詳細図を含めることもある）、縮尺を 1/100 以下で表現されるものである。表 4.3 は、縮尺 1/50 以上の詳細図の部類であり、より詳しい図面表現となる。

4-2-4 設計図書と裁判

設計図書にかかわる紛争は一般に、契約に定められた性能ないしは品質を確保する内容が設計図書に明確に表現されていない場合に発生することが多い。この場合、設計図書が建築基準法、同施行令、国土交通省告示、各地方条例、消防法、電気事業法等に違反していないか、また国土交通省の公共建築工事標準仕様書や日本建築学会建築工事標準仕様書、住宅金融公庫仕様書などの客観的技術基準を満足しているかなどがあわせて争点となる。実際の裁判では、瑕疵一覧表が作成され、設計内容とともに上記の法令や技術基準に照らし合わせながら争点について協議や審議が行われる。

*1　建築士法第 24 条の 3、同施行規則第 21 条

表 4.2 一般図の一覧表

図面名称	説 明
共通仕様書	建築工事に共通する標準基準を定めたもので、通常は『国土交通省大臣官房官庁営繕部・公共建築工事標準仕様書』『日本建築学会・建築工事標準仕様書』などを利用することが多いが、独自に作成してもよいことになっている。日本建築学会からは「一般共通事項」の他に、工事種別に標準仕様書が刊行されている。
特記仕様書	ある工事特有の仕様が記されているもの。施工者が設計図書を読み込む前提となる決まりや、設計図書に関する疑義、図面の優先順位なども記されている。計画建築物について設計者が考えている「性能」や「品質基準」を確認する図書でもある。計画している工法や、使用する材料、メーカーなども、同等品使用として参考に示される。設計中にメーカーと打合せをし、納まりを検討して寸法を決めた場合などは、そのメーカーと連絡担当者を記載し、特定の設計の経過や考え方を関係者に理解してもらうことも可能である。 公共建築協会や行政などで特記仕様書の規格版を出しているので、使いやすいものを利用するとよい。
建築物概要書	計画建築物の諸元で建築主の住所氏名、計画敷地の案内図、敷地の用途地域、各種法的制約、敷地の地名地番、方位、計画建築物の各面積、各部分高さなどを示す。
仕上表	外部仕上表と内部仕上表に分かれる。内部仕上表は床、幅木、壁、廻縁、天井の各部位ごとに、仕上材はもちろん、下地の状況も記入する。仕上材の厚みも部位によって変動する場合、その違いを明確に記載する。工事コストを決する重要な図書である。
配置図	敷地全体での建築物の配置を表したもの。対象敷地と前面道路やその隣地との関係、敷地に設けられた境界杭、計画建物の敷地内配置を敷地境界からの離隔距離で明確にする。敷地内に他の建築物があれば、その配置関係も同様に記載する。土地の高低も記入し、最後に敷地高低の基準となるBM（ベンチマーク）を記入する。
平面図	計画建築物の平面形状を表したもの。すべての図面の基準となる図面である。縮尺により表現可能な内容が異なるが、通り芯、室名、柱、壁、開口部、床の仕上材、高さ関係、また水平切断面の下部や上部も表記しておくと空間的に把握しやすい。
立面図	建築物の外観を表したもの。絵姿に終わらせず、仕上材の種類、仕上げの範囲、凹凸の関係、法的規制の範囲等の記入も必要である。仕上材が変わる位置も明記する必要がある。
断面図	建築物の垂直断面を書いたもの。想定した断面箇所は、平面図に記載しておく。直交する2面以上の断面図が必要。階高、天井高など高さ関係の寸法をこの図面に集約して表記する。建築物が接する地盤と建築物の高さ、また室内床レベルとの関係を示す。平面に凹凸のある場合は断面数を増やすことで、隠れる面を極力減らすことが重要である。

表 4.3 詳細図の一覧表

図面名称	説 明
断面詳細図	重要図面の一つ。構造と意匠の絡み、計画建築物のもっとも特徴的な標準部分は必ず表す。開口部の納まりや、室内の天井と壁の取り合い、壁と床の取り合いなどをどう考えているか表現することになる。縮尺は、1/20、1/30、1/50などが用いられる。
天井伏図	天井を見上げた図面。天井仕上げ、露出している構造部分、天井高や天井照明、空調吹き出しの配置なども示す。天井面での各種設備の調整もこの図面によることになる。
展開図	各室の起こし絵。部屋の中心で4面の壁を正面から見た図面。仕上材の割り付け等も表現されたより具体的な図面である。各壁面の仕上げの境界、高さなども施工者が積算する折にはこの図面によるので、重要な図面である。
建具表	建具の種類ごとに番号をつけ、その建具番号に従って、建具の平面的な位置（キープランとしてまとめることが多い）、建具の種類、開閉方法、ガラス等の仕上材、使用金物の種類などを示す。建具の裏表の仕様の区別、防火性能もあわせて明記する。
各部詳細図	多種多様な部分的な詳細図。とくに仕上材の端末部分、他の仕上材に変わる部分、金物の類の納まり、下地と仕上材との関係等を示す。工事費用に重要な意味をもつ内容が多い。
外構図	計画建築物の外周から、敷地全般の計画、門、塀、擁壁、テラス、駐車場、樹木、庭園などの材料指定や高低差を明記する。土の移動を計画しているときは、土の種類や産出地なども示す必要がある。植栽を扱う場合は、枯死保険の条件も明記する。

4-3 監理の役割

建築士法で定める工事監理は「工事を設計図書と照合し、それが設計図書の通りに実施されているかいないかを確認をする」ことをいうが、国土交通省告示第 15 号では「工事監理に関する標準業務」と「その他の標準業務」を定め、追加的な業務として、これらの「標準業務に付随する標準外の業務」をあげている。この標準外の業務には、前述の「工事請負契約の締結の協力」など、良い建築をつくるために不可欠な業務も含まれていることに注意が必要である。

4-3-1 監理方式

工事監理を含む監理の方式については以下の 3 タイプに分けることができる。

①一括委託方式：設計・監理業務受託者が設計業務に引き続き監理業務を行う
②第三者監理方式：設計業務受託者以外の監理業務受託者が監理業務を行う
③自主監理方式：発注者自らが監理業務を行う。

一般に、設計者が監理業務を引き続き委託される場合が多く、良い建築のためにそれが望ましいという考えがあるが、設計と監理の境界があいまいになるという観点から、とくに公共建築においては第三者監理として、設計業務委託者とは別の者と監理業務委託契約を結ぶケースも最近は増えている。インターネットなどで単に施工者以外の監理者がいることを、第三者監理と表現しているのは誤りである。自主監理は、公共工事や民間デベロッパーの発注等で発注者側に技術者が存在している場合に選択される。

4-3-2 監理と工事監理

住宅の品質確保の促進等に関する法律 ➡ 3-3-1

監理業務 ➡ 9-1-4、10-4

建築士法で定めている「工事監理」以外の業務（たとえば住宅品確法との照合や工事請負契約締結のための見積りの査定など）は、建築士法でいう「工事監理」の業務から外れるものの、必要な業務であり、それらを含めた業務を総称して監理業務とよんでいる。

また、設計施工一貫方式の工事の場合でも、自主検査を行う工事管理者の他に、建築士法での工事監理を行うものが必要になる。工事施工者が行う工事管理を、通称「クダカン」とよび、工事監理者の「サラカン」と区別している。

4-3-3 工事監理に関する標準業務

告示 15 号では、建築士法で定める工事監理、つまり設計図書と

独占業務 ➡ 5-1-2

の照合・確認・報告など建築士でなくてはできない業務と、それらの業務を行うために必要な業務を「工事監理に関する標準業務」として、下記aの1）〜6）のとおりに定めている。また、この1）〜6）の標準業務と一体となって行われる業務として、下記bの1）〜7）を「その他の標準業務」として定めている。

業務報酬基準の対象となるこれらの標準業務には含まれないが、標準業務に付随して実施される業務として、下記cの一）〜三）を「標準業務に付随する標準外の業務」としてあげている。

cの三）にあげられている工事請負契約の締結の協力については、標準外とされている。しかし、設計した建築物の工事を任せられる技能を有した信頼できる施工者を選ぶためには、設計内容を熟知している設計者の協力は不可欠であり、積極的に関与する必要があることはいうまでもない。

施工図：設計図をもとに実際の施工に適合するように起こした図面。設計図書には含まれないが、施工に必要な仮設関係の図面も含まれる。

工程表：着工から竣工までの作業の種類、量と日程との関連を表にしたもの。工事の順番や必要な日数などがわかる。なお、施工計画書は、施工に先立ち、現地の交通規制や仮設類、施工手順、検査手順、機器配置などを立案したもの。

破壊検査：見えない欠陥状態を検査するため、材料などを破壊、切断して、直接観察する検査方法。

---

a. 工事監理に関する標準業務
1) 工事監理方針の建築主への説明
2) 設計図書の内容把握（設計図書の明らかな矛盾や誤謬などを建築主に報告。さらに必要な場合は建築主を通じて設計者に確認する。また、施工者からの質疑に対して設計図書の品質確保のための技術的検討を行い、この場合も建築主を通して設計者に確認した上で施工者に通知する）
3) 施工図を検討し、設計図書と照合、その適合性を建築主に報告（設計図書の定めた材料、機器類、それらの見本の設計図書との適合性について報告する）
4) 工事と設計図書との照合および確認（法による工事監理のこと）
5) 前述の確認を建築主に報告するが、工事が設計図書どおりに実施されていない場合は施工者に注意を与え、施工者が従わない場合はその旨を建築主に報告（法による工事監理者の業務）
6) 工事監理報告書の提出（同上）

b. その他の標準業務
1) 施工者から提出される請負代金内訳書の査定を行い建築主に報告
2) 工程表、施工計画書の検討（施工者が作成する工程表が、工事請負契約に定めた工期、品質が確保できるかどうかを検討し、建築主に報告する）
3) 設計図書に定めのある施工計画の検討、報告
4) 工事と工事請負契約との照合（工事請負契約に定められた指示、検査、試験、立ち合い、協議などを行う。また工事が設計図書の内容に適合しない疑いがあるときに、破壊検査が必要な理由がある場合は施工者に通知の上、必要な破壊検査を行う）
5) 工事請負契約の目的物の引き渡しの立ち合い
6) 関係機関の検査の立ち合い（建築基準法等の法令にもとづく関係機関の検査に必要な書類の準備、検査の立ち合い、指摘事項などの対応の報告）

7）工事費支払いの審査（工事期間中の工事費支払い請求を審査し、適否を建築主に報告する。また、最終支払いについては工事請負契約との適合性を審査し、建築主に報告する）

c. 標準業務に付随する標準外業務
一）住宅性能評価に係る業務
二）エネルギーの効率的な利用（建築物総合環境性能評価システム）等に係る業務
三）工事請負契約の締結の協力に係る業務

4-3-4 竣工図の重要性

設計図書に、設計図書をもとに工事施工者が作成した施工図等を加え、竣工図として工事引き渡し後に建築主に提出する。竣工図については、施工者側からの提出書類として設計図書に明記されている場合が多い。実施設計図書が施工者に設計意図を伝えるものであることに対して、竣工図は実際の建築物がどのようになっているかを具体的に明示するものとなっている。工事中に変更があった箇所は設計図に修正を加え、施工者が作成した施工図とともにまとめる。どの図書を編纂するかは設計者または監理者が指示する場合が多い。とくに設備関係図書は、工事施工中に経路などが具体化することが多く、現状の記録として維持管理に欠かせない重要な書類となる。そのため、住宅などの小規模のものでも竣工図は作成すべきである。

4-3-5 引き渡し後の維持

建築物が竣工し、引き渡しが行われた後は、建築主が維持管理に当たる。設計者は、この維持管理に必要な「維持管理ガイド」を作成して建築主に提出するとよい。設計者は、その建築物を良好な状態で維持するために必要な事項を熟知しているはずであるので、引き渡し後も「維持管理ガイド」をもとに適切な助言を行う。また、請負工事契約に添付される民間（旧四会）連合協定工事請負契約約款では、瑕疵の担保の項目で、施工上の瑕疵の修補とともに損害賠償を求めることができる期間を、木造で1年、鉄骨やコンクリートで2年としていることから、引き渡し後に1年検査、2年検査を行うことが望ましい。また、建築物の大規模修繕に焦点を当てた10年目の検査や長期修繕計画の立案を行うことも、建築物を長く良い状態で使い続けるためには必要であり、実行することが望ましい。

民間（旧四会）連合協定工事請負契約約款：日本建築学会、日本建築協会、日本建築家協会、全国建設業協会、日本建設業連合会、日本建築士会連合会、日本建築士事務所協会連合会によって作成、制定された工事請負契約の書式のこと。

5 設計・監理と業務委託契約

5-1 建築と設計・監理

設計・監理者には、自立した専門家として、建築を通じた公共的価値の実現という責務を、建築主とともに果たしていく姿勢が求められている。

5-1-1 建築の特殊性と消費者保護

建築物は、国民の生命と財産に直接かかわり、一般消費財にない特殊な性格をもつ、公共性の高い存在である。設計と工事監理業務に従事する建築士と、設計・監理を業として営む建築士事務所にとって、この認識は基本的に不可欠である。

（1）消費者保護と建築の公共的価値

建築は、受注生産・現地生産・一品生産が原則で、建築物一つ一つに個別の設計と監理が必要とされ、施工者や製造者の手を経て初めて実現される特殊な存在であることへの理解がまずは必要である。また、発注や購入の機会をもつことがきわめて稀にしかない一般的な建築主にとっては、建築は多大な費用を伴うにもかかわらず、専門的知識をもつ設計者や施工者との情報格差が大きく、建築主の利益が守られる必要があることから、消費者保護がきわめて重要となる。このように高価で情報格差の大きい建築の設計・工事監理業務を行う建築士には職業倫理の遵守と業務の厳正な履行が求められ、設計・監理業を営む建築士事務所には業の適正な履行と消費者保護が求められる。

一方、建築物は、世代を超えて長期に存在し、建築主個人の所有であっても、建築物の利用者を含め多くの人々の安全の確保にかかわることはもちろんのこと、敷地周辺の景観形成への影響、そして建設工事や維持管理などに必要なエネルギー消費による地球環境への多大な負荷を伴うなど、社会性がきわめて高く、必然的に公共的価値が問われる存在となる。公共の安全性や地球環境の持続性の確保のための公的負担による民間建物の耐震化や省エネ化の促進など、成熟社会に向かうわが国にとって建築の公共的価値への認識はますます重要になってきている。

業と業務：一般的には生活をするための仕事を業と言い、職業として継続して行う仕事を業務と言う。本章では建築士が専門資格者として行う設計・工事監理の仕事を業務とよび、他人の求めに応じて報酬を得てこの業務の提供を行う仕事を業とよんでいる。業を行うのは建築士事務所（開設者）となる。

(2) 建築の特殊性と二つの基本ルール

建築が一般消費財にはない特殊な性格をもつ存在であることから、建築物のありようと設計・監理についての一定の強制力をもつルールが必要とされ、建築基準法と建築士法の二つの基本的なルールが定められている。

建築基準法と建築士法を両輪とする現行制度は、建築物に必要な最低限の基準を法令で規定するとともに、設計・工事監理業務を行うことができる資格者（建築士）を定め、その資格者に設計・工事監理業務を行わせることにより、建築基準法令への適合性を確保することを主目的としている。また、建築確認制度と検査制度は法令への適合を担保する役割を果たしている。

上記二つの法律と建築関係法令は、1950（昭和25）年の制定以来、災害や事件・事故発生のたびに見直されてきた。さらなる安全確保と再発防止を目的とした資格・登録制度、構造・技術基準、建築確認・検査制度、消費者の利益保護規定等の強化充実を意図する法令改正が継続して行われている。直近では、建築設計三会の提案をもとに2014（平成26）年6月に建築士法改正[*1]が行われた。

関係法令の見直しはかなりの頻度で行われることから、業務に支障をきたさないよう、つねに最新の情報を入手し、精通している必要がある。同時に、社会の変化に呼応してつねに変化を遂げていく設計・監理業務の実態と法制度との乖離の進行は避けられず、往々にして設計・監理者としての社会的責務の遂行が阻まれ、消費者の利益を守れない状況に至る可能性がある。法制度への精通は不可欠であるが、法制度のありようにもつねに関心を払い、適正な業務遂行に必要な法制度の整備・改善への提言や運動なども設計・監理者の責務であるとの認識をもつことが必要である。

5-1-2　設計・工事監理業務と建築士資格

建築士は、法的にも社会通念からも、高度な専門能力と遵法の精神を保持する専門職業人であることが求められ、建築に関する知識と経験の少ない消費者に対しては高度な注意義務と重い責任を負っている。この基本認識が設計・工事監理業務を遂行する上できわめて重要である。

(1) 建築士免許と専門家としての責務

一級、二級、木造建築士でなければ設計または工事監理をすることができない建築物が定められ[*2]、建築士になろうとする者は国土交通大臣の免許を受けなければならない[*3]、とされている。免許のない者はこれらの建築物の設計・工事監理業務を行うことができず、建築士にはこれらの業務を独占的に行う権限が付与されている。そ

建築基準法 ➡ 3-3-1
建築士法 ➡ 3-3-1

建築設計三会：日本建築士会連合会、日本建築士事務所協会連合会、日本建築家協会を指す。
*1　建築士法の一部を改正する法律（平成26年法律第29号）

*2　建築士法第3条～第3条の3
*3　建築士法第4条

の代わりに、「建築士は、常に品位を保持し、業務に関する法令及び実務に精通して、建築物の質の向上に寄与するように、公正かつ誠実にその業務を行わなければならない。」[*4]という職責条項の遵守が求められている。

また、民法でも、専門家にふさわしい高度な知識と技術をもって業務を遂行することが求められ、善管注意義務を負うことになる。また、建築主は専門家である建築士からの情報提供に依存しており、建築士は「設計の委託者に対し、設計の内容に関して適切に説明を行うよう努めなくてはならない」[*5]とされ、説明責任を負っている。とくに、専門的知識の少ない建築主を相手とする説明は紛争回避の観点からもきわめて重要であり、思慮深い対応が必要となる。建築主からの要望事項の妥当性、法令による各種の規制、提案する設計内容についてのメリット・デメリット、起こりうるリスクなどについて積極的に説明し、理解を求め、確認や同意を得る努力がつねに必要である。また、後々の紛争に発展しかねない誤解や行き違いを回避するためには、建築主との協議内容を文書にて確認・記録し、保存しておくことが必要である。

(2) 設計・監理責任と記名・押印

建築士法でいう設計の業務は、建築士の名称を用いて、設計図書（建築工事の実施のために必要な図面及び仕様書）を、その者の責任において作成することを言い、工事監理業務は、建築士の名称を用いて、その者の責任において、工事を設計図書と照合し、それが設計図書のとおりに実施されているかいないかを確認することとされる。一般的には、設計図書への記名・押印者が、その者の責任において設計図書を作成した者と見なされ、設計図書に法令違反があれば違法設計を行った者として行政処分の対象となる。また、工事監理についても工事監理不十分や監理報告書未提出等は同様である。

法的には、一定の建築物について設計図書を作成できるのは資格をもつ建築士だけであり、設計図書への記名・押印は、そこに業務独占と相応の責任があることを意味している。記名や押印は、作成者自身が責任をもてる設計図書や監理報告書に限定すべきであり、形式だけのことと安易に考えることは、厳に慎まなければならない。また、設計者が監理契約もなく、監理者の自覚もないまま便宜的に工事監理者として届出され、実態を伴わない名目上の工事監理者になることは、大変リスクが大きく、行政処分の対象ともなる。設計業務と工事監理業務は建築士法においては、それぞれ独立した大切な業務であるとの認識が重要である。

[*4] 建築士法第 2 条の 2（職責）

善管注意義務 ➡ 9-2-5

[*5] 建築士法第 18 条第 2 項

記録の重要性 ➡ 13-1-2

設計図書 ➡ 4-2

工事監理業務 ➡ 4-3

名目上の工事監理者となるリスク ➡ 13-1-3

(3) 法適合と行政処分

　作成した設計図書について特定行政庁あるいは指定確認検査機関による建築確認を受けたからといって建築士の法適合への責任は免れない[*6]。現行の制度運用では、確認済みの設計図書に法令違反があれば、工事中に違反に気づき設計変更手続きを行い是正したとしても、建築確認が済んだ時点で建築士法上の設計は完成されたと見なされ、設計図書を作成した建築士と設計図書の確認検査を行った確認機関の検査員はともに処分の対象になる可能性がある。

　一方、関係法令の解釈は一定でなく、幅のある解釈がなされることが少なくなく、疑義が生じた場合は特定行政庁に直接確認をとるなど慎重な対応が不可欠であり、そのことがリスク回避にもつながる。また、工事が完成し、検査済証が交付された建物でも法令違反があれば是正を求められ、関係者は処分の対象となりうる。違反の程度により建築士に対して戒告や一定期間の業務停止などの処分がなされるほか、建築士が所属する建築士事務所にも一定期間の事務所閉鎖などの処分が同時に行われる可能性がある。

　是正工事や処分期間中の業務の停滞などによるプロジェクト遂行への影響はもとより、建築主の生活設計や事業計画への影響が避けられず、損害賠償や信用失墜につながる恐れもある。建築士と建築士事務所にとって、設計図書の法適合と業務の適法性、そして事務所の適正な管理の確保はきわめて重要である。

(4) 建築士事務所に属する建築士

　わが国の建築士制度は、その業務を建築設計だけに限定せず、建築士の業務範囲は広く建築生産全般に及んでいる。実際、建築士登録者は、物故者・重複取得者を含めて、総数で約110万人に上る[*7]。さらにこれら建築士のうち、建築士事務所に所属し設計や工事監理に主体的に携わっている一級建築士は約12万人[*8]である。ちなみに米国ではこれらに相当するArchitectは約8万人と言われ、人口一人あたりの数ではわが国の3分の1ほどである。建築士は設計・監理の実務経験がまったくなく、設計・監理に従事していなくても、法的には業務独占の対象になる設計や工事監理業務ができるとされる資格者であり、消費者から見ればいずれかも区別ができず、消費者保護の点からも問題が指摘されてきた。

　構造計算書偽装事件再発防止のための2006（平成18）年の建築士法改正で、建築士事務所で設計・工事監理に従事する建築士に、建築士資格取得後の定期講習の受講が義務化されるとともに、資格者の情報開示も強化された。加えて、建築士試験の受験資格に建築士事務所での設計・工事監理等の実務経験が原則として要求されるようになるなど、ようやくにして、設計・工事監理に従事する建築

[*6] 建築士法第18条

検査済証：建築基準法第7条、第7条の2 ➡ 8-4-2

[*7] 一級建築士 352,453人、二級建築士 742,122人、木造建築士 17,203人（建築技術教育普及センター発表、平成25年9月30日現在のデータ）

[*8] 平成20～25年度一級建築士定期講習修了者合計は、120,630名（建築技術教育普及センター）

士が建築士事務所に属する建築士として、その他の建築士から明確に区別されることになった。

建築士事務所に属する建築士を定義することによって、建築士法でいう「設計・工事監理等を行う技術者の資格」[*9]に相当する業務独占のある本来の建築士資格者としての位置づけが明確化された。

建築士事務所に属する建築士として名簿に記載された者はその他の建築士とは異なる重い責務を負っていることをつねに自覚する必要がある。

[*9] 建築士法第1条（目的）

(5) 専門性・中立性・公共性を重視する姿勢

建築士事務所に所属し設計・監理に従事する者にとって、専門家として、また実務者として、高度な専門知識と技能の保持に加え、業務遂行に要求される自立性と公共性に対する認識が重要となる。

設計・監理者には、自然の脅威は計り知れず、科学・技術に限界があること、そして、法令で定める基準は想定された自然条件と複雑な社会条件を加味して設定された最低基準であることへの基本的認識が必要であり、専門家としての謙虚な姿勢と自立した判断がつねに求められる。建築主とこの認識を共有し、法定基準を満足するだけでなく、建築主の意図や建物の役割を勘案した目標レベルを設定し、質の高い建物の実現を建築主とともに目指す必要がある。

また、建築主から委託を受け、建築主に代わって設計・監理業務を行っているという認識を堅持することが設計・監理者にとってとくに重要である。多額の投資を伴う建築行為の中で、関係者間の利害が錯綜し、職業倫理の遵守や厳正な業務遂行が脅かされかねない状況下にあっても、自立した専門家、あるいは実務者として、独立不羈（ふき）の姿勢を貫き、建築主の信頼と期待に応える義務があることを肝に銘ずべきである。

建築の公共的価値の重要性については先に述べたが、多少の差はあってもすべての建築行為が公共の安全確保、景観形成、環境維持に直接にかかわり、公共的価値の実現が究極的には建築主の価値の実現につながることへの理解が必要となる。そして、より高い公共的価値の実現を目指して、建築主と設計・監理者がともに協力し、それぞれの社会的責務を果たしていくことが求められている。

(6) 技術の高度化・専門分化と建築士資格

設計業務に従事する建築士が建築士事務所に属する建築士として分離されたが、建築士が構造、設備も含めた設計ができる資格者として設計全体に責任をもつ、という建築士法の原則は制定以来不変である。しかしながら、技術の高度化と専門分化が進んだ今日、高度な専門知識と技能を有する専門家の参画なしに設計・監理業務を

完成させることは困難になっており、建築物が比較的小規模で構造や設備も簡易で、一人の建築士が全体を設計できた時代とは大きく変わってきている。事務所内に種々の専門家を擁する大規模事務所などは別として、統括的な立場をとることの多い意匠中心の建築士事務所が構造、設備、積算などといった専門の建築士事務所と協働して一つの建築に取り組むことは、現在ではごく普通のこととなっている。

2005（平成17）年に発覚した構造計算書偽装事件によって、技術の高度化・専門分化が進む設計業務の実態に、関連する諸制度が追い付いていないことが露呈され、構造計算適合性判定制度の新設を骨子とする建築確認制度の見直しと、一級建築士の中から構造設計一級建築士、設備設計一級建築士を認定し、一定規模以上の建物への関与を義務づける規定が新たに設けられた。さらに2014（平成23）年6月の建築士法改正により、2,000 m^2 を超える建物の設備設計については建築設備士の意見を聞くことが建築士の努力義務とされた。ますます重視される環境・省エネなど建築設備技術の高度化等への対応策の一環である。

5-1-3　設計・監理業と建築士事務所登録制度

建築士法は設計・監理業にかかわる規定を含み、業法的性格をあわせもつ資格者法とされている。建築士事務所を開設し設計・監理を業として営むための登録制度をはじめ開設者と管理建築士の機能や責務など業のルールに精通していることが必要である。

（1）建築士事務所と設計・監理業

建築士法には、建築士の資格と設計および工事監理業務にかかわる規定に加え、建築士事務所の業務と業にかかわる規定が置かれている。「建築士、あるいは、建築士を使用する者が、設計等を業として行うときは建築士事務所を定めて、建築士事務所登録をしなくてはならない」[*10] と同時に、「何人も登録を受けないで、他人の求めに応じ報酬を得て、設計等を業とし行ってはならない」[*11] とあり、設計・監理を業として営むためには建築士事務所登録をしなくてはならず、建築士事務所には設計・監理業を独占的に営むことが認められていると解される。

言い換えると、建築士でなくとも、建築士を使用し、専任の管理建築士を定め、建築士事務所登録を行えば、誰でも建築士事務所の開設者となり、設計・監理を業として行うことができる。

資格者でなくても設計・監理業を営める（建築士事務所の開設者となることができる）ところが、資格者のみが業を行うことができる弁護士、税理士、会計士などの他の専門職業と異なり、また、欧

*10　建築士法第23条（登録）
*11　建築士法第23条の10（無登録業務の禁止）

米の建築家制度とも異なるわが国独自の設計・監理業の制度の特徴と言える。ちなみに、資格者でなくとも業を営むことが認められる専門職業に医療があり、医師を雇用して病院や診療所を開設することができる。医療の場合は、資格者法である医師法とは別に業法的性格の医療法が定められている点が設計・監理とは異なっている。

(2) 専業事務所と兼業事務所

この建築士事務所登録の制度により、わが国では、建築士が開設する専業の建築士事務所だけでなく、建設会社、工務店、不動産会社、鉄道会社、住宅メーカーなど多様な業態の事業者が建築士を使用し、建築士事務所登録を行い、兼業の形で設計・監理業を営み、多くの建築士が兼業の建築士事務所で設計・工事監理業務に従事している。建築士がいること、建築士事務所登録があること、そして、建築士事務所の自立性を担保するための一定の権限が付与された専任の管理建築士がいること、これらが業の制度、すなわち建築士事務所の制度の要となっている。

建築士事務所で業務を行う建築士の機能と業を行う建築士事務所の機能を明確に分けて理解しておく必要があり、また、専業、兼業の業態にかかわらず、建築士事務所に属する建築士として設計・工事監理業務を行う以上、資格者としての責務は同じであることを理解しておく必要がある。

(3) 建築士事務所の開設者と管理建築士

建築士事務所には設計・監理業の適正の確保と建築主の利益保護が求められる。個人または法人の代表者としての開設者と、技術を総括し事務所を管理する管理建築士が、それぞれに役割を分担している。個人事務所では一人の建築士が両方の役割を兼ねることになり、大規模な専業事務所や多くの兼業事務所では、別人格になるケースが多い。開設者と管理建築士が異なる建築士事務所は全登録数の約半数といわれている。建築主に対する重要事項説明、建築主や協力建築士事務所との契約の締結と履行など契約にかかわる事項、および帳簿の備付や年次報告の提出など建築士事務所の情報開示にかかわる事項が、開設者の建築士法上の主な責務として定められている。

兼業が認められている現行の建築士制度では、建築士事務所の自立性の確保の上から、管理建築士の存在はきわめて重要になる。とくに開設者が建築士でない場合は、管理建築士は設計・工事監理業務の適正の確保に責任をもつことになり、当然のことながら、責務の明確化と一定の権限の付与が必要になる。構造計算書偽装事件の再発防止のための2006（平成18）年の建築士法改正により、建築

管理建築士 ➡ 3-3-1

士事務所の法的位置づけの明確化の一環として管理建築士の資格要件が強化され、建築士としての3年間の設計実務経験と講習受講の義務が規定された。

加えて、2014（平成26）年6月の建築士法の改正により、管理建築士が行う技術総括の内容が4項目規定され責務が明確化された。また、管理建築士は建築士事務所の業務が円滑かつ適切に行われるよう意思を述べるものとされ、開設者はその意見を尊重しなければならないとする義務も新たに規定された[*12]。

*12　建築士法第24条8の5［2015（平成27）年6月施行］

技術を総括し、建築士事務所を主体的に管理する管理建築士の立場を強化することにより、専業、兼業を問わず、建築士事務所に求められる自立性の確保の実効性を高め、設計・監理業の適正化と消費者保護を促進する法整備が行われたということができる。

管理建築士の技術総括の内容4項目（建築士法第24条第3項）
・受託する業務量や難易度などの設定
・業務の実施者の選定
・提携先の選定
・建築士事務所の技術者の管理

（4）無登録事業者からの一括再委託

本来的には設計・監理を業として受託できるのは登録建築士事務所に限られ、無登録での設計・監理業は禁止されていると理解される。しかしながら、長い間規制が行われてこなかったことから、未登録の事業者が設計・監理業を行っているケースが数多く存在している。自らは建築士ではなく、建築士も使用（雇用）せず、一括再委託先の登録建築士事務所の建築士を使用することを前提にした無資格・無登録の事業者が、工事請負や住宅販売等に含まれる形で設計・監理を受託し、実質的に設計・監理業を営んでいる実態が少なくない。この場合、建築士事務所と建築主の間には直接の契約関係がなく、建築主との意思の疎通に困難をきたすのみならず、業務責任が不明確になり、紛争の原因を生じやすく、また紛争解決の長期化を招きやすい。

一括再委託：建築主から委託を受けた設計・工事監理業務を自らは行わず一括して別の建築士事務所に再委託すること。一般的に丸投げとも言われる。ただし、建築士法が規定する一括再委託の禁止対象は建築士事務所の業務に限定しているので注意を要する。なお、建築士事務所が構造や設備の設計・工事監理業務を別の建築士事務所に委託することは再委託であり、一括再委託には当たらない。

無登録事業者の設計・監理業を助長することになる一括再委託は、職業倫理上、問題があるだけでなく、紛争に巻き込まれるリスクを最少化する観点からも避けるべきである。2014（平成26）年6月の建築士法改正とあわせて、無登録業務の禁止の徹底が国の技術的助言で措置されることとされ、建築士事務所の業の適正化と消費者保護の促進に資するものと期待される。

5-2 業務委託契約

設計・監理契約は、委託者と受託者の対等の立場での合意により成立し、契約当事者双方の権利と義務を定めるだけでなく、設計・監理する建物によって実現される理念や目標を当事者双方が共有する重要なプロセスとなる、という認識が必要である。

5-2-1 書面契約の必要性

民法上、契約自体は口頭でも成立し、多くの場合、書面での契約は契約成立の要件ではない。しかしながら、紛争の発生と紛争解決の長期化を避けるためには、書面での契約が不可欠である。重要事項の説明や書面の交付だけでは、紛争解決での効力として十分でないことにも留意する必要がある。

(1) 契約の締結

設計・監理業務は設計を委託する建築主と受託する建築士事務所との間における両者の合意（意思表示の合致）によって成立する業務委託契約の締結が出発点となる。契約当事者間の業務に関する合意内容にもとづく契約の定めるところにより、建築主は設計与条件の提示、成果品の承認、報酬の支払いなど、建築士事務所は設計図書の作成、設計内容の説明、監理報告書の提出など、それぞれに契約を履行する責務を負うことになる。

契約締結に向けた協議には、完成される建物の果たす役割、イメージ、耐震や省エネなど諸性能の目標グレード、予定工事費など、設計を進める上での基本的事項についての合意形成という重要な意味がある。

また、すべてが当初の計画どおり順調に進むとは限らず、プロジェクトの中断、変更などトラブルのもとになる予期せぬ状況の変化は必ずあると言ってよい。しかも、業務の成果物である建物は長期にわたり維持管理され、多様な条件のもとで機能し、性能を発揮し続けることが求められ、業務終了後も設計瑕疵に関連するトラブルの発生リスクは存続する。

契約に際しては、委託業務に直接にかかわる事項はもとより、業務に関連して将来起こりうる事態を想定し、事態への対処の仕方やルールを当事者双方で合意し書面にして定めておく必要がある。書面契約の締結に加えて、契約内容に変更が生じた場合の書面による契約変更処理も不可欠である。建築主との合意事項、確認事項については誤解を避けるため記録を残すことが必要であり、記録は契約書と同様に重要である。

(2) 口頭契約の慣習の改善

> 設計施工一貫方式 ➡ 3-2-3

契約よりも信用を重んじる商習慣が伝統的に根づくわが国では、設計施工一貫方式による発注が主流であった時代の建築生産システムの名残もあり、設計・監理は工事請負の中で付帯業務的に扱われ、工事請負契約は交わされても、施工に必ず必要となるはずの設計・工事監理業務については、明確な契約が交わされないケースがいまだに多い。

> **日本建築士事務所協会連合会**：建築士事務所の業務の適正な運営と建築主の利益の保護を図ることを目的とし、建築士事務所協会を会員とする建築士法第27条の第2項に規定される一般社団法人。

日本建築士事務所協会連合会（日事連）が書面契約の有無について会員建築士事務所に対して行った［調査2011（平成23）年2月］によると、書面による契約を交わさないケースが専業事務所で約14％、兼業事務所で約20％に上るとの結果が出ている。この調査対象が設計・監理業の適正化を図ることを業務とする法定団体の会員であることを考えれば、無登録の事業者を含む契約全体ではさらに多いことが推測される。書面による契約締結の必要性についての認識がいまだに浸透していない実態を示している。

最高裁判所の報告書でも、紛争になるケースの半分で書面による契約がなされていないことが指摘されている。当事者間の合意内容を客観的に証明する文書がないことが、裁判の複雑化、長期化につながるため、設計業界に対して実務慣行の改善が求められている。

公正な書面による契約行為は適正な業務を担保し、また、不測の事態に対する迅速かつ円満な解決に資するなど、結果的に当事者双方の利益保護につながることを共通の認識にする努力が必要である。

(3) 重要事項説明と書面の交付の義務

民法上は口頭でも契約は有効であり、書面による契約の締結は専門知識の少ない消費者（建築主）の負担を大きくするとの理由で理解が得られず、書面による契約締結の義務化の必要性は認められながらも、今日まで法制化されてこなかった。

しかしながら、書面契約はなくても委託内容を当事者双方が理解し、確認しておくことの必要性は否定されるものではなく、1997（平成9）年の建築士法の改正で、「設計・工事監理の委託を受けた時には委託内容を建築主に書面にして交付すること」[*13]が、加えて、2006（平成18）年の建築士法改正で「契約をしようとする時には建築士事務所は建築主に対して所定の重要事項を書面にして説明すること」[*14]が、建築士事務所の開設者の義務として法制化された。このように、契約前の書面による重要事項説明と契約後の書面の交付は義務化されても、契約そのものの書面化を義務とすることは、長い間、実現されなかった。最高裁判所の報告書でも、裁判の長期化の要因の一つとして、契約書など合意内容を証する書面等がないことがあげられており、書面の交付では不十分との意見も出されて

> [*13] 建築士法第24条の8（書面の交付）
>
> [*14] 建築士法第24条の7（重要事項の説明等）

いる。重要事項説明も書面の交付も建築士事務所が建築士法上の義務として、建築主に対して一方的に行う行為であり、当事者間での合意内容を証するものとはみなされず、紛争解決での効力としては十分ではないことを認識する必要がある。

5-2-2　契約の原則と書面契約

　2014（平成26）年6月の建築士法改正により、建築主と建築士事務所の契約当事者双方に対等の立場での契約の締結と履行が求められ、さらに300 m^{2}を超える新築の建築物については書面による契約締結が義務となる。

（1）書面による契約締結の義務化

　建築設計三会の共同提案を受けた2014（平成26）年6月建築士法改正で、「設計または工事監理の委託を受けることを内容とする契約の当事者はそれぞれの対等な立場における合意に基づいて公平な契約を締結し信義に従って誠実にこれを履行しなければならない。」という設計受託契約等の原則[*15]が新たに規定された。同時に、この契約の原則に加え、延べ面積が300 m^{2}を超える新築の建築物については（金額の多寡等によらず）契約内容を書面にして相互に交付しなければならないこと、そして、書面契約がなされたときは書面の交付義務が履行されたと見なされることが規定された。対等な立場での書面契約の義務化は、建築士事務所に一方的に義務を課す従来の契約制度の概念を大きく変えるものであり、建築主と建築士事務所の双方が合意にもとづき義務を履行し、協力して建築をつくり、そのことを通じて、社会的責務をともに果たすことにつながる新しい枠組みができたことを理解しておく必要がある。

　しかしながら、元来書面契約がなされることが少なく、むしろ紛争の多い300 m^{2}以下の小規模な建築物が書面契約の義務化の適用外とされたのは、とくに大工・工務店等を中心とした業界慣習を急に変えることによる混乱が懸念されたためである。これらの小規模建築物においても、関係団体を中心にモデル契約書を作成してその普及を図ること、さらにはその後の普及状況によっては制度改正を検討することとされ、書面契約の義務化を徹底する方向づけができたことには大きな意味がある。

（2）契約締結の時期

　契約の締結時期は業務着手前が原則であり、業務報酬基準を定めた告示15号では対象業務を基本設計業務、実施設計業務、工事監理及びその他の業務としていること、また、四会連合協定建築設計・監理等業務委託契約書類も同様の業務区分としていることからも、

*15　建築士法第22条3の2 ［2015（平成27）年6月施行］

国土交通省告示第15号 ➡ 4-1-1

基本設計業務の着手前の締結に合理性がある。

しかし、業務を受ける側の建築士事務所に、建築主に対する無用な遠慮や信頼関係への過度の期待や依存がある一方、建築主にも、発注者としての優越的立場にあるとの誤解や自己都合を優先するなどの理由により、契約書の締結が先延ばしにされ、現実的には業務が先行するケースが実態として多く存在する。

実際、日事連が会員事務所に対して行った書面契約締結の時期についての調査［2011（平成23）年2月］によると、専業事務所では半数近くの契約が基本設計着手前に行われ、兼業事務所では契約の半数近くが請負契約と同時の契約になっている[16]。報酬を必要とする業務に着手する前に契約することが原則であるが、実態としては業務開始以後の契約締結が数多く存在することを示している。

(3) 二段階契約の検討

現実的には、設計・監理契約の対象となる建築物概要が決まらないことも多く、業務量や設計期間など所要事項の設定ができず、業務開始前の契約締結を難しくする面もある。しかしながら、確定できない事項はできる限りの想定を行い、確定後の調整を条件として合意し、業務開始前に契約を締結することが望ましいことは言うまでもない。また、建築物概要をまとめるまでの業務は基本的には調査・企画段階の業務であり、設計業務とは別の契約が望ましい。いろいろな理由で業務を先行させなくてはならない場合には、建築主の業務委託の意向を確認する意向確認書を取り交わす形で仮契約を行い、業務進行と並行して契約条件の協議を進め、合意が整った段階で正式な契約を締結する二段階契約の可能性も検討する必要がある。

5-2-3 設計・監理者の責務と直接契約

建築主との直接の契約なしに、設計や監理の業務を行うことは、建築士としての責務を果たせない状況を生じやすく、責任の所在も不明確になる。また、委託された業務は受託者自らやることが原則であることを理解すべきである。

(1) 設計・監理者の責務と直接契約

建築士事務所登録のない数多くの事業者が建築主と工事請負契約などを交わして、設計・工事監理業務を建築士事務所に一括再委託することで、実質的に設計・監理業を営んでいる実態についてはすでに述べた。

この場合、一括再委託を受けた建築士事務所と建築主との間に直接の業務委託の契約関係はなく、建築主の意向確認や意思疎通も十分には行われずイメージギャップも生じやすく、設計責任があいま

---

[16] 専業事務所では、業務着手時がもっとも多く29.3％、企画業務実施中または完了時が16.4％、基本設計中または完了時が21.0％、実施設計中または完了時が12.3％、確認申請完了時が5.1％、工事監理中または完了時が2.3％であった。一方、兼業事務所では、設計業務着手前が12.3％、設計中から請負契約締結前が22.1％、着工前に請負契約書に含める形が46.1％であった。

いになり、紛争発生リスクが高くなる。また、建築主から設計委託を受けた事業者が建築士事務所ではないので、一括再委託を受けた建築士事務所の建築士が設計者あるいは工事監理者として建築基準法令への適合や建築士法上の責任をすべて負うことになる。このようなケースでは、建物の法適合を十分に確認できる立場が確保されにくく、建築士が建築関連法の違反を問われ、行政処分の対象となるリスクも高くなる。

PFI、PM、CMなど建設プロジェクトの発注形態の多様化とともに、建築士事務所のプロジェクトへのかかわり方や契約形態も多様化・複雑化してきている。設計・工事監理業務が含まれる事業では、建築士事務所の業務遂行上の自立性が確保される必要があること、設計・工事監理にかかわる契約は建築主と建築士事務所の間で直接に締結される必要があることに留意し、設計・監理者としての責務を全うする立場が確保できる契約を締結する必要がある。

PFI ➡ 3-3-2
PM：Project Management の略。プロジェクトの管理・運営にかかわる業務をいう。建築主との契約にもとづき、設計者、施工者等から独立した立場でプロジェクトを推進する役割を担う。
CM ➡ 3-2-3

(2) 業務の受託と再委託

建築主は自分ではできない専門的業務を信頼できる建築士事務所を選定し、設計業務や監理業務を委託するわけであり、業務の受託者は、構造設計、設備設計、積算など一部の専門分野の業務の再委託は許されても、自ら責任をもって業務を履行することは職業倫理の上からも当然である。また、建築士事務所が業務の一部を再委託する場合でも、委託先は建築士を擁する登録建築士事務所に制限されていることへの注意が必要である。

現実には、業務のすべてを他者に一括再委託して、自らは業務上の責任を取らないケースが少なくなく、2005（平成17）年に発生した構造計算書偽装事件では、建築主と実際の設計者の間に多数の者が介在していたことが明らかになった。一括再委託が行われることで無用なコストが増大し、業務の質の低下を招くとともに責任の所在が不明確となるなど、建築主や社会に不利益をもたらす弊害が生じていたとの認識から、この事件の舞台となった一定規模以上の共同住宅等の設計に限ってではあったが、再発防止のための2006（平成18）年の建築士法改正の一環として、一括再委託は禁止された。

しかしながら、一括再委託の弊害は共同住宅等に限ったことではなく、建築設計三会の提言を受けた2014（平成26）年6月の建築士法改正では、300 m^2 を超えるすべての新築の建築物の設計について一括再委託を禁止する規定が新設された[*17]。この一括再委託の禁止は建築士事務所から他の建築士事務所への再委託を制限するものであるが、この改正とあわせて、無登録業務の禁止と建築主と建築士事務所との間の直接の契約締結の必要性を国の技術的助言等で周知徹底させる措置が講じられることとされ、一括再委託はすべ

*17　建築士法第24条の3第2項［2015（平成27）年6月施行］

ての設計・監理業務の委託について禁止される方向にある。

(3) 建築設計・監理等業務委託契約約款

書面による契約の必要性についてはすでに述べたが、どのような条項を契約書に盛り込むかがきわめて重要である。建築物の設計や監理を定常的に発注する国、自治体、企業などは独自の契約書を用意している場合が多く、また、自前の契約書をもつ建築士事務所や、団体が発行する契約書を使用する建築士事務所も多い。いずれの場合でも大事なことは、対等な立場における合意にもとづいた公平な契約締結という契約の原則にある。

当然のことながら、建築士事務所に有利な条項は消費者契約法違反として無効になることがある。また、構造や設備などの協力事務所との再委託契約についても優越的地位の濫用を規制する下請法（下請代金支払遅延等防止法）、談合、不当顧客誘引、不当廉売を禁止する独占禁止法（私的独占の禁止及び公正取引の確保に関する法律）も適用される。

建築四団体は、一般的な建築物の新築を対象にした設計・監理業務の契約に使用するための契約書類『四会連合協定建築設計・監理等業務委託契約書類』を用意している。この契約書類は、契約にかかわるトラブル防止、あるいは、紛争の早期解決に資するとともに、設計・監理業務の適正な履行と消費者保護の観点から、中立性に配慮してつくられている。さらに、小規模建築物に使用する、より簡便な契約書類へのニーズも高いことから、建築四団体では、『四会連合協定建築設計・監理業務委託契約書類（小規模向け）』の販売が開始している。

消費者契約法：消費者と事業者との間の情報や交渉力の格差を鑑み、消費者の利益擁護を目的とした法律。

下請代金支払遅延等防止法：下請取引の公正化を図り、下請事業者の利益保護を目的とした法律。業務を委託する親事業者には、義務や禁止行為などが定められている。

建築四団体：設計三会に、日本建設業連合会を加えた団体。

四会連合協定建築設計・監理等業務委託契約書類の内容
1) 業務委託契約書（5種類）
　　建築設計・監理業務委託契約書／建築設計業務委託契約書／監理業務委託契約書／調査・企画業務委託契約書／建築設計、調査・企画業務委託契約書
2) 建築設計・監理等業務委託契約約款
3) 業務委託書（2種類）
　　契約業務一覧表／基本業務委託書
4) 業務委託契約書類の表紙
5) 重要事項説明書（建築士法第24条の7の書面）
6) 工事監理報告書（建築士法第20条第3項の書面）
7) 契約書類の構成と使用上の留意事項
8) 契約書の記載例
9) 参考資料　オプション業務サンプル一覧表

6 業務報酬

6-1 業務報酬の適正化

設計・監理業務によって報酬を得る建築士事務所には、適正な報酬の確保、高度の専門性、中立性、公共性とともに、消費者利益を重視する姿勢が求められる。

6-1-1 建築士事務所と設計・監理業

建築士事務所の運営の根幹をなす業務報酬の確保は設計・監理業務に対する国民の公正な評価にもとづく理解と賛同の獲得と表裏一体をなすものである。

(1) 設計・監理業の業態

業務独占 ➡ 5-1-2

設計・工事監理業務は業務独占が認められている専門業務であり、この専門業務を業として営む建築士事務所は、個人または法人により開設されているが、株式会社としているところがほとんどである。しかし、株主利益が重視される一般の株式会社とは異なり、基本的には営利を目的としていないことへの理解が必要である。たとえば、弁護士法人、税理士法人、監査法人など業務独占がある類似の専門職業を営む法人では、専門性、中立性、公共性が要求され、消費者利益が重視されることなどから、株式会社でなく専門職能法人の形態がとられている。株式会社の形態で設計・監理業が行われていることは、兼業での設計・監理業を認めているわが国独自の建築士制度と深い関係がある。

一方、欧米では、多くの場合、専業が原則で Partnership（共同事業会社）の形で設計・監理業が営まれている。過去において、わが国でも、これらの専門職業と同じように、建築士事務所の開設者を建築士に限定すべきとの意見と関連して、設計・監理業を営む法人も株式会社でなく設計監理法人とすべきとの議論もあり、建築士事務所の専業・兼業の問題とあわせ、設計業界で真剣な議論が交わされたことがあった。設計・監理者が国民の負託に応え、社会的責務を十分に果たすことができるための資格と業のあり方は今後も継続する検討課題である。

(2) 業務報酬基準の意味

設計・監理等の業務報酬については、完成される建物の品質と適

正な設計・監理業務の履行を確保する必要から、建築士事務所（開設者）が業務の委託者に請求することのできる業務報酬の基準が、建築士法第25条の規定にもとづき、告示15号に定められている。

国土交通省告示第15号 ➡ 4-1-1

このこと自体が、設計・監理業務の対価を自由競争にゆだねることが結果として業務の質の低下を招く恐れがあり、国民の利益につながらないこと、そして、適正な業務対価を支払うことが究極的には国民の利益につながることを、国民が理解し支持していることを意味している。

個人、法人によらず、他人の求めに応じて報酬を得て設計・監理業務を業として行う者に建築士事務所登録が義務づけられ、建築士事務所の業の適正と消費者利益の保護を担保するためのルールが、業務報酬基準を含め建築士法に規定されていることの意味をよく理解する必要がある。

(3) 業務報酬と職業倫理

設計・監理業が基本的に営利目的でなく、業務報酬が設計・監理業務への対価であることから、建築士事務所が請求する報酬額は、本来、建築主から委託を受けた業務の遂行に要する費用を賄うためのものとして解されるべきである。業務の適正な遂行が不可能なほどの低い報酬で受託することは他の建築主から支払われた報酬から不足分を流用せざるを得ないことになり、信義に悖る行為とみなされかねない。また、建築主から委託された業務に関連して、建築主から受領する報酬以外の利益を他者から得ることも、結果として建築主の利益侵害につながる恐れもあり、このことを明確に禁じる条項を含む契約もある。適正な業務報酬による契約は建築主、建築士事務所双方の利益につながること、同時に双方の信頼と努力があってはじめて適正な報酬が確保されることを理解する必要がある。

6-1-2 業務環境の整備

設計・監理業務の重要性が増大する一方で、業務環境の劣化が進行している。適正な業務報酬の確保は業務環境の整備と設計・監理業の発展に不可欠であり、設計・監理者は重要な責務の一つとして取り組む必要がある。

(1) 業務環境改善の必要性

一方、建物の安心安全の確保、品質の向上、地球環境維持への対応など建築に対する社会の要求はますます高度化し、設計業務の内容も複雑化してきている。国民が真に豊かな暮らしを享受できる生活環境の形成に直接にかかわる設計・監理業務の重要性は近年ますます高まり、業務の質の向上が急務となっている。

しかしながら、公共建築の設計委託においては会計法や地方自治法の制約から、依然として設計料の多寡により設計者を選定する競争入札が行われ、また、民間建築での過度なコスト縮減要求などにより、国交省告示にもとづいて算定される報酬額や他の類似の専門業務の報酬額に比べ著しく低い報酬額で契約をせざるを得ない実態が多く存在している。このことが、結果的に業務の質の低下につながるだけでなく、設計・監理業自体の疲弊を招く事態も危惧されることから、業務環境改善への早急の対策が必要とされている。

(2) 業務報酬の適正化を目指す立法

建築設計三会 ➡ 5-1-1

建築設計三会の共同提案をもとに、2014（平成26）年6月、議員立法による建築士法改正が行われ、書面による契約締結の義務化とあわせて成立した法律が、告示15号に規定する報酬基準に準拠した委託代金での契約締結への努力義務化である[*1]。すなわち、業務委託契約当事者である建築主と建築士事務所の双方に、業務報酬基準を尊重し、準拠する努力が求められることになる。業務報酬の適正化を目指すこの立法により、建築士事務所の業務環境改善の促進が期待されると同時に、建築士事務所の業務の質の向上が良質な建築物の実現につながることへの国民の期待に、設計・監理者が応える義務があることもしっかりと認識する必要がある。

*1 建築士法第22条の3の4〔2015（平成27）年6月施行〕

(3) 設計・監理を魅力ある職業に

一方、適正な業務報酬の確保は、事務所スタッフが誇りをもって安心して設計・監理業務に注力できる給与や福利厚生など業務環境の整備はもとより、次代を担う有能な後継者の育成にも不可欠である。また、報酬基準に準拠した適正な報酬額での契約については、建築主と建築士事務所との間だけに限らず、設計・工事監理業務を受託した意匠設計事務所が構造設計、設備設計、積算などの専門業務を他の建築士事務所に再委託する場合にも適用され、告示の基準に準拠した報酬額での契約締結に努力する義務が課されることは言うまでもない。設計・監理を国民福祉の向上と建築文化の発展を担う魅力ある職業として確立させることは、設計・監理業を営む者、設計・監理業務に従事する者一人一人の責務であると認識すべきであろう。

6-2 業務報酬基準

社会情勢の変化とともに業務報酬の考え方も変わってきている。設計・監理者は業務を取り巻く環境の変化に遅れることなく、業務報酬基準の適正化に積極的かつ継続的に取り組む必要がある。

6-2-1 業務報酬基準の変遷

業務報酬基準は、適正な設計・監理報酬の確保と建築主の利益保護という二つの拮抗する社会的要請を踏まえつつ、そのときどきの社会状況を反映した形で策定と見直しが行われ、今日に至っている。

(1) 業務報酬規程から建設省告示第1206号へ

建築設計関連3団体がそれぞれに定めていた、建物種別と工事費をベースに業務報酬を算定する業務報酬規程が、公正取引委員会からの規程廃止の勧告を受け破棄され、それに代わるものとして、1979（昭和54）年に建築士事務所（開設者）が建築主に請求することができる業務報酬の算定基準を建設大臣が定め、勧告することができるとする規定が建築士法に定められた。それにもとづき制定された基準が建設省告示第1206号による業務報酬基準である。この背景には、業務報酬は自由競争によって決められるべきとする公正取引上の要請がある一方で、過当競争により適正な業務の履行が妨げられ、建物の安全性が確保されない恐れがあるとの認識があった。

公正取引委員会：独占禁止法を運用するため設置された機関。下請法の運用も行っている。

(2) 建設省告示第1206号から国土交通省告示第15号へ

構造計算書偽装事件の再発防止のための2006（平成18）年の建築士法の改正の一環として、業務報酬基準の大幅な見直しが行われ、建設省告示第1206号（以下、旧告示1206号）は2009年に廃止され、新たに国土交通省告示第15号が制定された。建築士の報酬が他の専門職業の資格者に比べて著しく低いこと、業務範囲が拡大し、業務の内容も複雑化、高度化してきていること、構造、設備など技術の専門分化が進んでいることなどへの対応がなされた。とくに、告示15号では、建物種別を細分化し、総合、構造、設備に分けた業務量の算定に変えるとともに、人工（業務量）の算定のベースを工事金額から計画延床面積に変えたことは大変重要なことである。また、告示見直しの議論の中で、旧告示1206号の制定以来、業務環境が大きく変化したにもかかわらず、27年間一度も見直しがなされなかったことから、告示の今後の定期的見直しの制度化についての強い要請があったが、実現には至らなかった。

(3) 国土交通省告示第 15 号準拠の努力義務化へ

　告示 15 号が制定され、一部の公共工事の発注においては業務報酬に改善が見られたが、設計・工事監理業務そのものに対する国民の理解の低さ、設計料入札の慣行や低入札の横行などにより、告示 15 号が期待どおりには普及せず、業務報酬の適正化は実態として進んでいない状況にあった。2014（平成 26）年 6 月の建築士法改正により、この状況が改善されることへの期待については先に述べたが、この法律の実効性を高めるためには、国、行政、団体による国民への周知と、設計・監理者自らの業務の中での改善に向けた不断の実践が不可欠である。

　設計・監理業に従事する者は報酬基準の適正の確保を自身の問題として注視し、業務を取り巻く環境の変化に遅れることなく継続して取り組んでいく必要がある。

6-2-2　国土交通省告示第 15 号による業務報酬基準

　業務報酬基準は報酬額の基準ではなく、報酬額の算定方法の基準を示すものである。算定のもとになる業務内容や業務経費についての基本的知識は設計・監理業務に従事するすべての者にとって不可欠である。

(1) 業務報酬の算定方法と略算方法

　一般的な企業会計における直接費（人件費、経費）、間接費（人件費、経費）、販売費および一般管理費、営業利益の合計が設計監理料（売上高）に相当するが、建築士事務所の開設者が請求することのできる報酬は、告示 15 号において、業務経費、技術料等経費および消費税に相当する額を合算する方法での算定を標準とする、と定められている。

　　標準業務報酬＝業務経費＋技術料等経費＋消費税
　　業務経費＝直接人件費＋直接経費＋間接経費＋特別経費

　業務経費のうち、直接人件費、直接経費および間接経費の合計額の算定は略算方法によることができるとされ、略算方法は設計・監理等の実情に鑑み、簡便に業務経費を積算する方法である。この場合、業務経費の算定は以下による。

　　業務経費＝「略算方法による直接人件費」
　　　　　　　×2.0（を標準とする係数）＋特別経費

　「略算方法による直接人件費」は、標準的な業務内容を実施した場合の「建築物の類型」と「延床面積」に応じて告示に示された標準業務量（人・時間数）に技術者単価を乗じて算定される。また、告示 15 号には、建物形状、地盤性状、設備等の敷地や建築物の特

特別経費：出張旅費、特許使用料など建築主の特別の依頼にもとづいて発生する経費。
直接経費：印刷製本費、複写費、交通費など業務に直接必要な経費。
間接経費：建築士事務所の管理運営に必要な人件費、研究調査費、研修費、家賃、通信費、光熱費など。

殊性を考慮する必要がある場合の業務量の補正に使用する標準的な倍数が示されている。

上記2.0という係数は、わが国の建築士事務所への実態調査[*2]によると、設計・工事監理業務に係る直接人件費の総額は、直接経費と間接経費の合計額にほぼ等しいという統計結果が得られており、直接経費と間接経費の合計額を算定する際に、個々の経費をそれぞれ算定する代わりに直接人件費を算出して、それに2.0を基準とする係数を乗じて直接人件費＋直接経費＋間接経費の合計額を略算的に算出することができるという意味で用いられている。これが業務報酬基準の告示において「略算方法」とよばれている業務報酬の算定方法である。

[*2] 1979年の旧告示1206号制定時と2009年告示15号の制定時の2度にわたる調査。

(2) 標準外業務の取扱い

業務報酬基準の対象となる標準業務は、多岐にわたる業務の中から一般的な建築物の設計・監理に共通性の高い業務を抽出したものであるため、標準業務に含まれない業務に関わる報酬については、業務内容や業務量を十分に考慮し算定する必要がある。標準業務に含まれない主な業務として具体的には次のようなものがある。

1) 基本設計に入る前の調査、企画、基本計画等に係る業務
2) 設計に関する標準業務に付随する標準外の業務
3) 工事監理に関する標準業務及びその他の標準業務に付随する標準外の業務

とくに、1）に関しては業務報酬基準の対象外となっているが、4-1-2項でも述べたように設計条件を検討する重要な段階でもあるため、設計業務から独立した業務として契約を検討する必要がある。

また、業務報酬基準では、一般的な新築の建築物を対象に標準業務が定められていることから、略算方法になじまない場合や略算方法では算定できない場合があるので、業務報酬の算定には慎重な配慮が必要である。主な事例を下記に示す。

1) 標準的な規模を超える建築物や極小規模建築物の場合
2) 単一用途でない複合建築物の場合
3) 建築物の増改築・修繕・模様替えまたは設計変更の場合
4) 複数の建築物に同一の設計図書を用いる場合
5) とくに高い芸術性やきわめて特殊な構造・設備方法を必要とする場合

(3) 業務報酬の請求時期

報酬の請求時期に明確な定めはないが、建築主と建築士事務所にとって互いに過払い・過不足とならない、合理的かつ常識的に履行されるタイミングであることが望まれる。業務の出来高に即した請

求時期の分割が一般的であり、建築主と建築士事務所双方のリスク回避という点においても有効である。

　業務報酬は設計業務報酬と監理業務報酬に大別され、設計業務報酬の出来高は、設計図書等の成果物の提出時期が一つの目安となる。監理業務報酬の出来高は、工事工程の節目に合わせるか、または報酬の総額を月割りとする方法等がある。業務の出来高に対する報酬は告示 15 号の算定方法の適用が可能であるが、その分割の仕方、着手金については建築主と建築士事務所の双方の合意が必要であり、合意した支払い時期と報酬額については、契約書に記載することが重要となる。円滑な業務遂行が可能となることが最終的には建築主と建築士事務所の双方にとって意味あるものとなる。

　標準業務はもちろんのこと標準業務に含まれない業務についてもその業務に費用が発生し、報酬を必要とする場合は、業務開始前に建築主に説明し、報酬の支払いについての合意を得ることが必須である。また、業務着手後に業務に追加変更が発生した際も、事前に業務内容と報酬額の調整について建築主に説明し、合意を得る必要がある。その点は、建築士事務所の開設者に限らず、設計・監理者としても十分に認識しておく必要がある。

第Ⅲ編
設計者、監理者としての業務と責任

　建築の設計・監理には法的な責任が伴う。設計・監理業務を行う上では建築基準法をはじめとする各種の法令や条例を遵守することはもちろん、業務上の契約の適切な履行が求められる。本編では設計・監理という業務にかかわる賠償責任、各段階における法の関与と手続き、そして公法・私法から見た業務の責任について概観する。

7 賠償責任保険

7-1 賠償責任保険への加入

> 建築士の業務に係る賠償責任保険への加入は建築士事務所の賠償責任能力を担保し、事務所運営の安定・継続と建築士が安心して業務を行うことができる環境づくりに資するとともに、消費者保護の強化につながる。また、建築士事務所の自立と信頼の確保のためにも不可欠である。

7-1-1 賠償責任保険の必要性

建築物は非常に高額であるため、万一の際の賠償額は、一建築士事務所が対応できる規模を超える場合がある。また、建築士事務所が賠償責任保険に加入していないために、損害賠償責任を果たせず建築主が被害から救済されないという事態は避けられなくてはならない。

(1) 保険加入と消費者保護

成熟期に入ったわが国において、権利義務意識の高まりとともに、近年では医師や弁護士、建築士などの専門的職業人に対して、業務上のミスにもとづく損害賠償請求をする事例が増え、賠償責任保険加入の必要性はますます高まっている。

2005（平成17）年に発覚した構造計算書偽装事件は、相当数の違反建築が同時に摘発されたことから、国民を震撼させる大事件に発展し、住宅の購入者に甚大な被害を与えただけでなく、国民の生活基盤である住宅の安全性が根本から問われることとなった。建築生産システム全体に対する国民の信頼が毀損されるとともに、再発防止のための法制度の大規模な見直しが行われ、設計・工事監理業務に関わる法令も抜本的に改正された。

この法改正の中で、建築士事務所が損害賠償保険に加入しているかどうかを、設計・監理業務を委託する建築主に開示すべき重要な情報として位置づける規定が新たに設けられた。すなわち、建築士事務所に備えおき、設計等を委託する者の求めに応じて閲覧させなくてはならない書類に、設計等の業務に関して生じた損害を賠償するために必要な金額を担保するための保険契約の締結その他の措置を講じている場合にあってはその内容を記載することが建築士法第24条の6の3で規定された。

加えて、住宅品確法（住宅の品質確保の促進等に関する法律）による新築住宅の売り主等に対する「特定住宅瑕疵担保責任保険制度」が新設され、瑕疵担保責任の履行を担保する「住宅瑕疵担保責任保険」がスタートするなど、建築物の瑕疵による被害から建築主や住宅取得者を救済する措置が講じられた。

（2）保険加入等の努力義務化

構造計算書偽装事件を契機に、建築の設計者、施工者、販売者などの供給側に対する社会の目は大きく変わった。建築物の瑕疵への注目とその原因者に対する責任追及の姿勢が強まり、結果として、建築物の瑕疵に起因する紛争が多発する状況を生じさせている。数多くの製品を使用し、数多くの人の手により現地でつくられる建築物は本来的に瑕疵の発生とはまったく無縁ではありえず、その被害から消費者が救済される必要性から、また、建築士事務所が建築設計者としての責務を継続して果たしていくためにも、賠償責任保険への加入は不可欠になってきている。

このような状況下で、建築設計三会の提案を踏まえ、2014（平成26）年6月の建築士法改正で新たに規定された法律が建築士法第24条の9（保険契約の締結等）、「建築士事務所の開設者は設計等の業務に関し生じた損害を賠償するため保険契約の締結その他の措置を講ずるよう努めなくてはならない」である。建築士事務所の開設者に対して賠償責任保険へ加入する努力を課す規定ではあるが、賠償責任保険への加入促進策が法制化された意義は大きい。設計業務の委託者と受託者の双方において賠償責任保険加入の必要性への認識が高まり、建物の瑕疵被害からの救済と消費者保護の強化が図られることになる。

すでに、公共建築の設計者選定の条件に賠償責任保険加入を加えている自治体もあるが、今後、保険への加入がすべての公共建築の設計者選定への参加資格要件になることが予想され、民間建築への波及が期待されるところである。

7-1-2 主な賠償責任保険

現在、主だったところでは、一般社団法人日本建築士事務所協会連合会が協会の会員の有無を問わず、公益社団法人日本建築士会連合会と公益社団法人日本建築家協会および一般社団法人日本建築構造技術者協会が原則としてそれぞれの協会の会員限定で、賠償責任保険を整備している。いずれも加入者は建築士事務所の開設者であり、継続的に加入していないと有効にならないことに注意が必要である。

①建築士賠償責任補償制度（日本建築士会連合会）

特定住宅瑕疵担保責任保険制度：新築住宅を引き渡す建築業者や宅建業者に対して、保険加入による賠償資力確保を義務づける制度。

日本建築士事務所協会連合会 ➡ 5-2-1
日本建築士会連合会：建築士法第22条の4第1項に定められる各都道府県に設置された建築士会によって構成される。
日本建築家協会：建築設計・監理を専業とする建築家で構成される全国単一組織で、国際建築家連合（UIA）の日本支部でもある。

②建築士事務所賠償責任保険（日本建築士事務所協会連合会）
③JIA建築家賠償責任保険（日本建築家協会）
④JSCA構造設計賠償責任保険（日本建築構造技術者協会）

日本建築構造技術者協会：建築構造に関する高度な技術と豊富な実務経験を有する建築構造技術者で構成される。

（1）賠償責任保険の目的

　賠償責任保険に加入することによって、「建築士事務所が万が一、その業務上のミスにより、法律上の損害賠償責任を問われた場合に、その損害に対する補償を受けることにより、社会に対して自らの責任を果たすこと」[*1]が担保され、また、賠償責任保険は「万一の事故に備えて建築家が共同して危険を負担することにより、建築家としての業務の経営の安定を図り、安心して設計に全力をそそぐことができるようにするために、必要であり、また有効な制度」[*2]とされている。

　現行の賠償責任保険には種々の制約があり、リスク回避の手段としてはいまだ限定的ではあるが、設計・監理者としての責任を果たす用意があることを社会に対して明示することに、賠償責任保険加入のもう一つの意味がある。しかしながら、加入率はいまだに全登録建築士事務所の20％に満たない状況[*3]であり、消費者保護を促進する上からも加入率を高めることが急務となっている。

　ちなみに、海外では、一般的に、賠償責任保険への加入は設計・監理業を営む上での必須条件であり、受託するプロジェクトを特定して保険を掛け、保険料を業務報酬に加える形で契約する場合も多く、賠償責任保険への加入は設計・監理業務の委託者にとっても受託者にとっても当然のこととなっている。

*1　日本建築士事務所協会連合会・建築士事務所賠償責任保険パンフレットより引用

*2　JIA建築家賠償責任保険パンフレットより引用

*3　2014年7月現在、①〜④の4団体の賠償責任保険加入数が約1万4千件弱、1級建築士事務所登録数は約11万件弱である。

（2）保険料と事故件数による割り増し

　保険料は毎年、前年度の設計・監理料の実績をもとに更新された額で収めることになるが、その際、保険を適用した過去の事故件数によって割り増しが適用されることがある。団体保険ごとに多少の差はあるが、本項の冒頭で示した主な賠償責任保険の①では過去5年以内に3件の適用実績があれば保険料は2倍になり、4件以上では継続加入ができなくなる。②では同じく2件の適用実績があれば保険料は2倍、3件あれば3倍になり、4件以上で継続加入について要相談となる[*4]など、補償金の支払いを繰り返し受けると、保険からも見放されることになり、設計をつづけることができなくなる。

*4　年間保険料30万円未満の会員および非会員の場合

7-2 賠償責任保険の補償対象

賠償責任保険の補償は、誕生以来、原則として設計瑕疵によって建築物に滅失・破損があった場合に限られていたが、近年、補償対象が拡大されつつある。

7-2-1 滅失・破損を伴わない補償対象事項

建築物の滅失・破損を伴わない設計瑕疵を対象とする賠償保険へのニーズの高まりとともに、次の (1) ～ (4) のような滅失・破損を伴わない瑕疵に関する特約条項なども用意されるようになった。さらに最近では、滅失・破損がなくても放置すれば安全性を損なう瑕疵があれば不法行為による賠償責任を負うという最高裁判所の判決をきっかけに、滅失・破損を伴わない設計瑕疵を対象とする「構造基準未達」や「建築基準法および建築基準関係法令における基準未達」時の損害賠償を補償する特約 (5) および (6) も用意された。ただしこの特約はそれぞれの協会・団体の会員に限定されることに注意が必要である。

不法行為責任 ➡ 9-2-4

(1) 設備の機能的な不具合

「建築設備機能担保特約」、「機能的不具合担保追加条項」などとよばれる補償である。建築物の給排水設備・電気設備・空気調和設備・遮音性能について、それらが所定の技術基準に満たないために、本来の機能を著しく発揮できない状態が発生したときに、法律上賠償しなければならない損害を補償する。ただし、遮音性能については住宅品確法の第2条第1項に規定される住宅である場合のみ対象となる。適用の事例としては、給湯設備の能力が不足して所定の性能が出せないことがわかり、再施工が必要となって設備業者との間で責任を分担した事例や、交通量の多い道路に面して住宅を設計した際に遮音性能に配慮したつもりが、躯体のコンクリート厚が足りず所定の性能が得られなかった事例などである。

(2) 設計等の業務ミスによる第三者への身体障害

「建築物の滅失・破損に起因しない身体障害担保特約」「建築物に滅失もしくは損傷の発生しない身体障害担保追加条項」などとよばれる補償である。適用の事例としては、滑りやすい床を設計してしまい、転んで怪我を負わせた事例や、ベランダの手すり高さを建築基準法どおりに設計したものの、空調室外機を置いたためにそれを足がかりとして子どもが手すりから転落し大けがをした事例などである。

（3）初期対応費用・訴訟対応費用

「初期対応費用担保特約」「事故対応特別費用担保条項」などとよばれる補償である。賠償責任保険にかかわる事故が発生した場合に必要となる、お見舞い金や香典、新聞等へのお詫び広告等の掲載費用、事故発生後の損害の発生や拡大を防止するための対処費用、応急手当などの緊急措置に要した費用、訴訟を提起された場合の事故原因の調査費用、意見書・鑑定書作成費用などの訴訟に対処するための費用などを補償する。保険会社によって内容に多少の差がある。

（4）情報漏えい事故

「個人情報漏えい保険」「情報漏えい担保特約」「人格権侵害担保条項」などとよばれる補償である。個人情報または法人情報の漏えいによって法律上の賠償責任を負担することになった場合に被る損害賠償金や弁護士費用などを補償するもの。事務所に泥棒が侵入して、建築主の個人情報が記録されたファイルが盗まれ、当該建築主からプライバシー侵害を理由に賠償請求された場合などに適用される。

（5）構造基準未達

「構造基準未達による建築物の滅失または破損を伴わない瑕疵に関する特約条項」などとよばれる補償である。構造設計等の業務ミスで、建築物に外形的かつ物理的な滅失または破損が発生しない構造基準未達による賠償事故を補償する。構造計算ミスによって鉄筋本数が不足したために補強工事が必要になった場合などに適用される。

（6）建築基準法等における法令基準未達

「建築基準関連法令の基準未達による建築物の滅失または破損を伴わない瑕疵に関する特約条項」「建築物の滅失または損傷を伴わない瑕疵に関する拡張担保特約」などとよばれる補償である。構造基準を除く建築基準法や消防法、バリアフリー法などの対象法令について、建築物に外形的かつ物理的な滅失または破損が発生しない基準未達による賠償事故を補償する。隣接する土地が道路であることを前提に設計したところ、完了検査時に宅地であることが判明し、建築基準法上の形態規制に抵触するため、是正工事が必要になった場合などに適用される。

バリアフリー法：高齢者、障害者等の移動等の円滑化の促進に関する法律。

7-2-2　補償対象となる業務・建築物および免責事項

賠償責任保険は、建築士事務所ごとに、その事務所が設計・監理業務を行ったすべての建築物を対象としてかけられるものであり、

特定の建築物の設計・監理業務のみにかけることはできない。建築士事務所ごとに加入するということは、被保険者である建築士事務所の開設者のみならず、所員や業務補助者が行った設計等の業務も保険対象に含まれる。ただし、施工者に対する指示書の作成業務や施工図の承認業務等の監理業務については、当該社員等も建築士の資格をもっていることが条件となる。

補償の対象となる建築物としては、建築基準法第2条第1号に規定される建築物と、それに付属し物理的にその建築物と一体をなしている工作物とされている。電気やガス、給排水その他建築設備も含まれるが、造園や通路の舗装工事、擁壁などの工作物は、付属であっても対象外となる。

そして保険である以上、すべてが補償金支払いの対象になるというわけではなく、保険の対象とはならない免責事項が各保険会社により細かく決められているので注意が必要である。建築設計における賠償責任保険の場合は、一般的に次のような場合が免責となっているが、詳しくは各保険会社のパンフレット等で確認する必要がある。

保険の対象とはならない免責事項
○保険契約者・被保険者の故意
○日本国外に建築される建築物の設計・監理業務等
○地震・噴火・洪水・津波または高潮、戦争・暴動・騒じょうまたは労働争議
○原子力事業者が所有・使用または管理する原子力施設の設計・監理業務等
○展示会、博覧会または興行場等の仮設建築物の設計・監理業務等
○顧客との特別な約定によって、加重された賠償責任
○建築主から提供された測量図・地質調査図などの資料の過誤に起因する賠償責任
○建築物以外の工作物の設計・監理業務等
○被保険者が、事故の発生することを予見しえた設計・監理業務等
○建築士の資格をもたない者の監理業務
○建築物の瑕疵（建築物に外形的かつ物理的な滅失または破損が発生している場合は除く）
○身体障害の発生または拡大を防止するために講じた建築物の再構築、再施工、修理、交換その他の措置に起因する損害

7-2-3 賠償責任保険の具体的適用事例

賠償責任保険が適用され補償金が支払われた事例や対象外となり支払われなかった事例から、設計ミスや事故につながりやすい、とくに慎重を期すべき事項を学び、予防に役立てる必要がある。

（1）賠償責任保険により補償金が支払われた事例

ケース１：外壁の漏水などに対する賠償[*5]

RC造２階建ての事務所において、工事完成引渡し後に外壁のパネルが歪み、剥離や漏水事故が発生した。パネルの固定方法と施工の判断ミスが原因として、補償金として320万円が支払われた。

ケース２：遮音性能不足に対する賠償[*6]

木造共同住宅の界壁（壁面、天井面）に木造耐火仕様の強化石膏ボードを使用したところ、隣室への透過音が規定の遮音性能基準を満たすことが出来ず、改修のため1,000万円以上の損害となった。

保険によって、500万円が支払われた。

ケース３：積雪荷重超過による屋根変形への賠償[*6]

積雪量の多い地方において、過剰な積雪に対し折板屋根の断面性能が不足していたため、屋根が変形し潰れてしまった。この事故の補償金として1,100万円余りが支払われた。

ケース４：漏水事故の改修工事費と営業損害に対する賠償[*6]

ホテルの設計において、排水及び防水計画に不備があったため、漏水事故が発生し、改修工事費と工事期間中の営業損害に対する賠償請求を受け、約250万円が保険にて支払われた。

ケース５：杭の設計および監理ミスに対する賠償[*7]

設計した新築倉庫内で、使用開始後、不同沈下が生じていることが判明。損害額は８億円。ボーリング調査や杭打ちにおいて当該不同沈下を予見できる立場にあったのは施工者であるとの見解等から、設計責任は20％と認定され、8,000万円が保険によって支払われた。

（2）賠償責任保険の支払い対象とならなかった事例

ケース１：注文したものと違うというクレームに対して[*8]

住宅の設計において、キッチンカウンターの高さや色が、注文したものと違うとクレームがついたが、その変更が設計者の指示によるものだったため、責任を取れと迫られ、設計者が加入していた賠償責任保険に相談した。しかし、建築物の「滅失・破損」事故に相当せず、建築設備機能担保特約条項で対応できる内容でもなかったため、保険の対象とならなかった。

ケース２：外壁仕様の選定ミスに対して[*8]

設計者が、建物の外壁耐火の仕様を、過小に勘違いし、そのまま工事が行われた。完成後の消防検査で指摘を受け、改修が必要となったため、責任を取れと迫られ、設計者が加入していた賠償責任保険に相談した。しかし、建築物の「滅失・破損」事故に相当せず、保険の対象とならなかった[*9]。

[*5] 建築士賠償責任制度パンフレット p.6 より引用

[*6] 日本建築士事務所協会連合会発行「新しい建築士事務所の業務と展望」p.B125「保険の対象となった事故例」より抜粋引用

[*7] JIA建築家賠償責任保険（ケンバイ）「最新事故例」より引用

[*8] 日本建築士事務所協会連合会発行「新しい建築士事務所の業務と展望」p.B133「保険の対象とならなかった事故例」より抜粋引用

[*9] この件については、2014（平成26）年4月1日以降、「建築基準法未達時補償」での対応の可能性がある。

ケース３：建物の揺れに対して[*8]

　交通量の多い国道に面した店舗兼用住宅で、建築主に「大型車両が通るたびに揺れて仕方がない。何とかしてくれ」と言われた施工業者が、設計者のところへ、責任を取ってくれと迫った。設計者は、自身が加入している賠償責任保険に相談したが、揺れているだけでは建築物の「滅失・破損」事故に相当せず、保険の対象とならないとの回答であった。

8 設計・監理と法規

8-1 建築に係る法規と責務

建築基準法および建築関係法令は社会の新たなニーズ等に対応するため、また法令自体の合理化を図るために解釈を含めて継続的な改正が行われている。法令や条例を遵守した業務を履行しなければならない設計・監理者（建築士）は法令の改正等に対して理解を深め、つねに最新の動向に注意して対応する必要がある。また設計者は計画に必要な法令の範囲で、建築主の利益を損なわないように十分注意する必要がある。

8-1-1 度重なる法改正と設計者の役割

建築基準法およびその関係法令は頻繁に改正が行われている。それには震災の影響や建築技術の進歩、さらには省エネルギー問題といった国際的な情勢等も少なからず関係していると考えられる。

たとえば2014（平成26）年4月から建築物の天井脱落対策（特定天井）やエレベーター等の脱落防止対策といった建築基準法施行令の一部を改正する政令が施行され、同年7月にはさらに防火上主要な間仕切規制の合理化やエレベーターに係る容積率制限の合理化等が実施された。関係法令でも建築関連の省エネルギー法の改正に伴い非住宅建築物における省エネルギー基準の見直しが行われ、2013（平成25）年基準ではPAL＊と一次エネルギー消費量基準に順次変更されている。建築基準法およびその関係規定の新設、改正は現在なお次々と閣議決定されており、今後も多くの法改正が予想される。

こうした状況下では、仮に設計・工事監理に従事する建築士事務所に所属する建築士に義務づけられている3年に1度の定期講習[*1]を受講したからといって、個々にアンテナを張らない限りは度重なる法改正への十分な対応は難しい。

設計者（建築士）には、まず設計に係る建築物を法令または条例の定める建築物に関する基準に適合させる義務[*2]がある。さらに法文上に表れにくい法解釈も実際には時々刻々と変化している。自治体ごとの例規と運用はもとより、最近では日影規制[*3]の解釈に関する新たな判決も出ている。今までとくに問題がなかったからといった経験にのみ頼っていると、法令に係る問題が発生した場合に調査不足を指摘される可能性もある。

省エネルギー法：エネルギーの使用の合理化等に関する法律。1999（平成11）年基準より数度の改正を経て現行は2013（平成25）年基準。

PAL＊（パルスター）：年間熱負荷係数（Perimeter Annual Load）の新しい指標。建築物の外皮、窓等を通した熱の損失を防止するための性能基準。

一次エネルギー消費量基準：設備機器を含めた建築全体の省エネ性能を一体的に評価するため導入された基準。

*1 建築士法第22条の2

*2 建築士法第18条第1項

*3 建築基準法第56条の2

建築に係る法規は専門性に富み、かつ多岐に渡る。建築基準法は設計にかかわる最低基準なので、建築主はこれを遵守しなければならないが、一方で住宅品確法のように性能評価書をもって品質を確保するといった建築主が選択可能な法令内容もある。あるいは用途に応じてバリアフリー助成制度や、各自治体によるまちなか定住促進事業の補助といった助成金制度等に対する支援もある。

住宅の品質確保の促進等に関する法律 ➡ 3-3-1

一般的には専門知識が少ない建築主に対して、法令・条例の理解を求めたり制度利用の選択等を行わせることは困難な場合もあることから、設計者は建築主の利益を考えた上で必要な申請等を取捨選択し、建築主に示した上でよく説明する必要があると考えられる。

8-1-2　各種法令による協議と申請

法令に係る協議や申請の中でも、建築基準法第6条の「確認申請」は一定の区域と規模を除けばおおむねの建築工事の際に必要であり、確認済証が交付されないと工事に着手できないためにクローズアップされることが多い。

しかし、実際に建築する上で設計条件によっては確認申請に連動する多くの協議や許可・認定があり、その許可証が交付されないために確認申請に辿りつかないといった事例もあるので注意が必要である。確認申請に伴って事前に必要となる申請を見過ごしていたことによるスケジュールの延長や、計画破綻による設計のやり直しは、設計契約の解除や建築主との紛争につながる可能性がある。

本章では、設計者にとって紛争の契機になりやすく、また遵守しなければならない建築基準法とその関係法令を中心に述べるが、工事着手前に必要な「確認申請」は、許可申請と違って建築以外ではあまり使われていない言葉のため、改めてその違いを図8.1に示す。

なお、建築主が確認済証の交付を受けた場合でも、他者が建築主や設計者に対して当該確認処分の取り消しを求めて訴訟を提起したり、建築主等が法執行者からの行政処分を受けることもあるので注意が必要である。

行政処分 ➡ 9-2-3

裁量行為：法の規定が一義的な概念等で定まっていない場合に裁量によってなされる行為。

羈束行為：法の規定が一義的であってそのまま執行しなければならない行為。

建築主事：建築基準法4条他。確認申請書を受理したときにその建築物の計画を確認し、確認済証を交付する者。

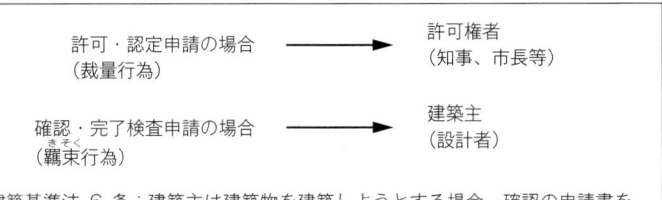

```
許可・認定申請の場合    ───▶   許可権者
 （裁量行為）                   （知事、市長等）

確認・完了検査申請の場合 ───▶   建築主
 （羈束行為）                   （設計者）
   きそく
```

建築基準法 6 条：建築主は建築物を建築しようとする場合、確認の申請書を提出して建築主事の確認を受け、確認済証の交付を受けなければならない。（建築することを「許可することができる」ではない）。

図8.1　「許可申請」と「確認申請」の違い

8-2 設計段階の法的関与

設計を開始する際は実現可能性のある内容とするために、敷地の現地調査とともに法適合性に係る必要な事前調査、検討協議項目を洗い出す必要がある。関連各課との事前協議は遅滞のないように行い、同時に近隣住民等との紛争防止に配慮した計画を行う必要がある。また各自治体によって異なる解釈等の内容を含めて設計図書に反映させる。

8-2-1 行政や近隣住民との協議

設計を開始する段階においての建築主と設計者の協議の中心は、一般的には計画建物の用途や規模になる。用途、規模などについては設計者が経験的に実現可能と思い込んで法適合性に係る調査等を怠って建築主に実現不可能な提案を行い、その提案をもとに設計契約をした場合には建築主の信頼を失い、紛争にまで発展しかねない。

法的制約の範囲内における実現可能性の確認には、まず計画敷地を調査する必要がある。あわせて周辺状況の調査を実施した上で、行政窓口で敷地の用途地域、防火指定、建蔽率や容積率等の都市計画情報、道路状況、条例で定められている日影規制等（以上、集団規定）の情報を確認する。提案内容によっては、計画図面によるまちづくり関係の行政の許認可等の事前協議が必要な場合もある。

集団規定は近隣住民等との間で日照権といった利益交錯となることが多く、集団規定にかかわる紛争も多発している。設計者は建築主の利益を守る立場ではあるが、同時に建築物自体が都市環境を形成する一翼を担っているため、建築主の要望に対して社会的な視点を含めた判断によって合意形成を図ることが望ましい。

たとえば「東京都中高層建築物の建築に係る紛争の予防と調整に関する条例」がある。一定規模の建築に対して文字どおり近隣住民に対しての紛争予防と調整を行うことを目的として届出をするものである。敷地の前面に立てる標識（お知らせ看板）には建築主だけではなく、設計者、工事施工者の記入欄もある。設計者は個別の状況により近隣紛争に巻き込まれる可能性も想定して業務に当たる必要がある。

8-2-2 単体規定の協議

設計図書には設計図面だけではなく、法チェック図、性能規定の計算書等といった計画に必要な個別にかかる規定（以降、単体規定という）の図面等が含まれる。それらの図書は確認申請や確認申請前の関連各課との協議や申請等でも提出が必要になる場合がある。

近隣住民等との利益交錯になる集団規定と違って、単体規定は一

集団規定：建築基準法に規定されている制限のうち、高さ制限などの建築物と周囲との相互関係を定めたものの通称。

性能規定：具体的な検証法の代表例として耐火性能検証法、避難安全検証法がある。➡ 4-2-2
単体規定：建築基準法に規定されている制限のうち、個々の建築物の構造、防火避難規定の通称。

般に建築物内部における建築主と設計者の設計内容の合意にあたり、遵守すべき法の基準となるが、建築主は一般に非専門家であり、単体規定については理解し難い部分もあるので丁寧な説明が必要である。

建築主と設計者の互いの説明不足による解釈、認識の違いによる紛争の発生や、設計者が建築主の要望についての法適合性を十分チェックしなかった結果として要望を実現できない場合もあることから、建築主との信頼関係を損なわず、また結果として虚偽の申請になることのないよう、慎重な配慮が求められる。

8-2-3　地方公共団体による制限

建築基準法第40条に規定されている地方公共団体ごとの条例による制限の附加の他に、建築基準法等の解説書には「特定行政庁の判断が必要」という内容の記述がある。これは法令の解釈が分かれる部分があり、また地方分権一括法の施行に伴いある程度の権限を特定行政庁に委譲していること等によるものであろう。該当する場合には特定行政庁、または確認申請提出予定の指定確認検査機関に個別に問い合わせる必要がある。

特定行政庁によっては制限の附加等について例規として公開している場合もあるが、運用指針として公開していないところもあり、照会をかけなければ不明な部分も多い。とくに根拠が公開されていない場合は、行政処分を回避するためにも、協議を行った際の議事録等が重要になる。

8-2-4　事前協議スケジュール例

建築主にとっては、事業収支の予測等のためにも建設等スケジュール管理が重要である。設計初期の段階では、設計者が計画スケジュール（施工から建築物の完成までを含める場合が一般）を建築主に提出することが多いため、必要な事前協議等を含めた全体スケジュールを作成する必要がある。その場合、設計者は建築主の要望を聞き入れながら、一方では、建築士としてさまざまな法適合性の確認等に必要な時間的制約を十分に建築主に説明し理解を得て、建築主に協力してもらう必要がある。

規模や用途により対象となる法令や条例は変わり、また都市部になればなるほど、法令はより複雑に関連している傾向がある。比較的大規模な特定行政庁では建築の各課事前協議一覧表をもらうことができるが、そういった整備をしていない特定行政庁もあるので設計者は事前協議に漏れがないように十分な注意を要する。

図8.2〜8.4は事前協議スケジュールの参考事例である。図8.2は一般的な事務所建築の場合であり、特別な許可申請は不要だが事前

特定行政庁：建築基準法第2条第35号。建築主事を置く区域の長、都道府県知事や人口25万人以上の市町村長のこと。たとえば神奈川県では横浜市の特定行政庁は横浜市、綾瀬市の特定行政庁は神奈川県（土木事務所）になる。

地方分権一括法：以前は国（各省庁）が法令の解釈や運用を「通達」として定め、地方公共団体はそれを守らなければならなかったが、標題法の施行により国からの「通達」が「技術的助言」に留まることになった（法律もしくは政令でない限りは地方公共団体を拘束することはないとされた）。技術的助言はあくまで参考意見という考え方になり、その決定権を地方公共団体に委ねることになった。

指定確認検査機関：建築基準法第77条の18から21、第6条の2他。建築主事に代わって確認申請等を交付できる機関。

総合設計制度：建築基準法第59条の2。一定の空地等の条件をもって特定行政庁が認めて許可する場合は、容積率の緩和等を受けることができる。

大臣認定：建築基準法第20条第1号他。高さが60 mを超える超高層や、性能規定で高度な検証を用いるものは、性能評価を行った後に国土交通大臣の認定を受ける必要がある。

協議開始から確認申請を含めて工事着工まで約4か月かかることになる。図8.3の場合は確認申請前に許認可申請が必要であり、着工まで6か月以上かかり、事前協議、各種申請も多くなる。図8.4のケースは総合設計制度を使った超高層ビルの場合であり、同時に大臣認定が必要な場合である。事前の関係各課との協議を含めると10か月近くかかる。なお、確認申請前の関係各課協議や事前申請は省略している。

総合設計許可とは、一定の空地等の条件において都市計画で決まっている以上の容積率割増を受けるものであり、大臣認定と並行して審査を行うには事前に十分な調整を要する。また許可申請が多い場合には実施設計期間だけでの吸収はできず、基本設計段階からの図面作成、提出も必要になる場合もある。

一連の事例からわかるとおり、規模が大きくなると確認申請前の協議申請も複雑に連動することがわかる。こうしたプロジェクトでは一つの協議の遅延が全体スケジュールに大きく影響するので注意が必要である。

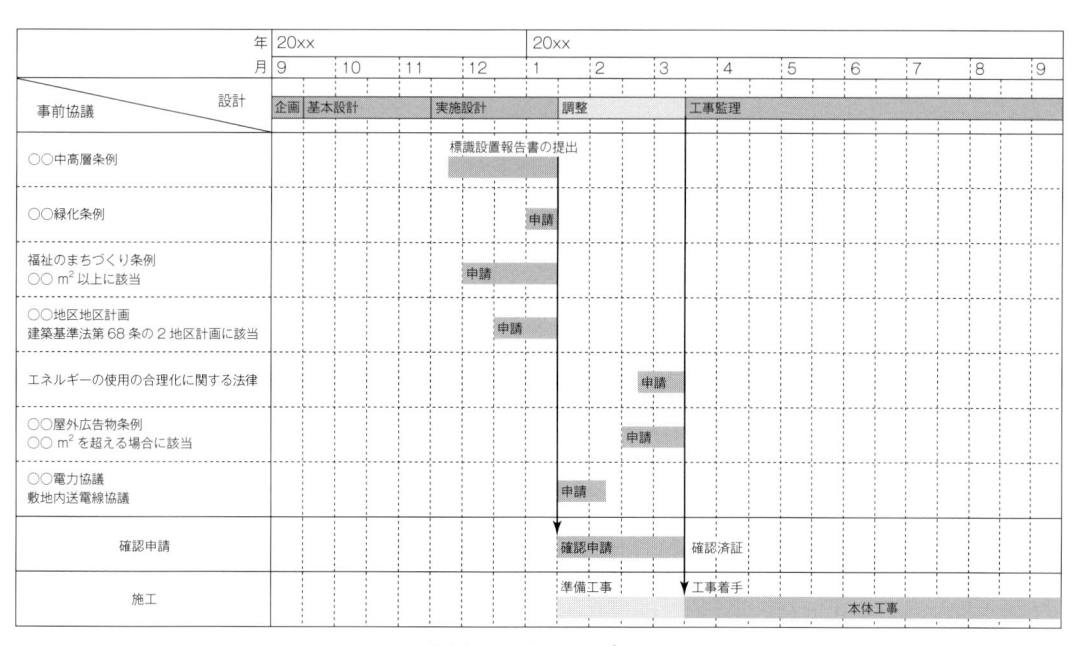

図8.2　5階建事務所（2,000 m²）の一般申請例

図 8.3　10 階建事務所（12,000 m²）の用途制限許可申請例

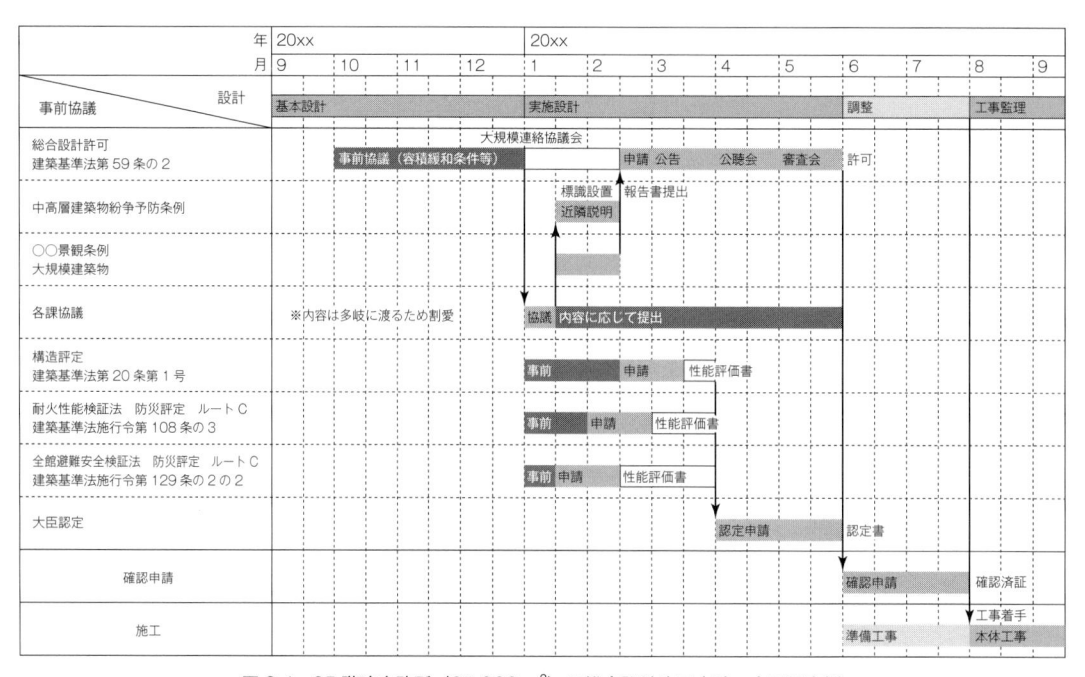

図 8.4　25 階建事務所（25,000 m²）の総合設計許可申請、大臣認定例

8-3 確認申請

確認申請における申請の主体は建築主（設計者は申請手続きの代理者）である。確認申請では審査者と協議調整を遅滞なく行って合意形成を図ることが重要になる。また、近隣住民との紛争の可能性や法執行者からの（公法上の）行政処分があることを忘れてはならない。

8-3-1 確認申請の流れ

確認申請とは工事着手する前に必要な建築基準法第6条、第6条の2で定められている申請のことであり、設計図書をもって建築基準関係規定の審査を受ける。当該確認済証をもって初めて工事の着手が可能になる。確認申請の一般的なフローは図8.5のようになる。

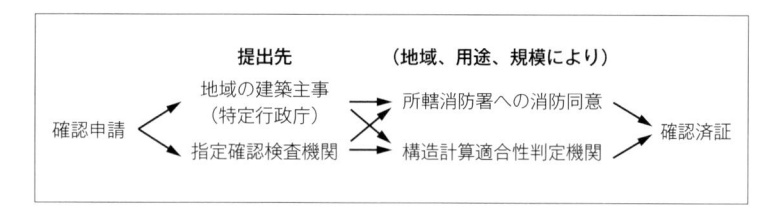

図8.5 確認申請のフロー（2015年5月31日まで）

*4 建築基準法第6条第1項、建築基準法施行令第9条

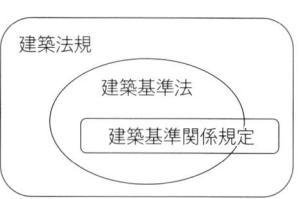

図8.6 建築法規および建築基準法の相関・体系図（日本建築学会編、建築法規用教材改訂23版、p.2、図1.1より）

バリアフリー法 ➡ 7-2-1

消防同意：建築基準法第93条、許可申請や確認申請の際は、一部の住宅や建築設備の確認を除き、所轄消防長の同意を要する。
構造計算適合性判定機関：建築基準法第77条の35の2から5、第6条第5項、確認申請審査者と同一者が行ってはならない（同一の建築主事や指定確認検査機関が審査を行ってはならない）。

建築主（一般的には申請の代理者としての設計者）は確認申請を提出後、建築基準関係規定の審査を受けることになる。建築基準関係規定*4（図8.6）は建築基準法以外の法令も含めて当該確認申請にて同時に法適合を確認する。たとえば都市計画法第29条（開発行為）は関係規定のため、開発許可証がなければ確認済証は交付されない。なお、バリアフリー法は建築基準法施行令第9条には記載がないが、バリアフリー法第14条第4項に「建築基準法第6条第1項の建築基準関係規定とみなす」と記載がある。

建築物の用途や規模により建築士による設計のみならず、構造設計一級建築士、設備設計一級建築士による設計や法適合確認が必要になる場合がある。また、建築物の規模により建築設備士の関与も努力義務化される。審査内容は意匠、構造、設備のすべてであり、その審査結果によって申請書を補正、もしくは追加説明書を提出する場合がある。さらに一部の戸建て住宅を除いて消防同意が必要であり、そして構造計算方式によっては第三者機関である構造計算適合性判定機関に審査を求めて、設計者は同様に審査結果を受領、補正を行う場合がある。これらを経て確認済証の交付を受けることができる。また確認申請を提出する機関への事前協議はもとより、所轄消防署や構造計算適合性判定機関への事前協議の実施がスケジュールの短縮につながる場合がある。

建築審査会:建築基準法第78〜83条。都道府県および建築主事を置く市町村に設置。
審査請求:建築基準法第94、95条。審査請求に関する手続き等は、建築基準法による他、行政不服審査法による。

*5 建築基準法第96条
*6 建築基準法第12条第5項
*7 建築基準法第9条

*8 建築基準法第6条の2等

*9 日本建築学会編、建築法規用教材より

確認済証が交付された後でも、近隣住民等で不服がある者は建築審査会に対して審査請求をすることができ、建築審査会の裁決を経た後に処分取消しの訴え*5 などの争いになることがある。

また特定行政庁等は建築主等に対して建築物の敷地、構造、設備、用途の他、工事計画や施工の状況に関する報告を求めることができる*6。さらに違反建築物においては建築主等に施工の停止や違反を是正するために必要な措置を命ずることができる*7 といった行政処分がある。

8-3-2　特定行政庁と指定確認検査機関の違い

従来は特定行政庁の建築主事のみが建築確認検査業務を行っていたが、行政改革や規制緩和の一環として1999（平成11）年の建築基準法改正にて指定確認検査機関も羈束行為である確認検査業務を実施できるようになった*8。建築主（設計者）は確認申請先をそのいずれかに選択でき、現在では年間の確認件数約50万件のうち、指定確認検査機関によるものが80％に及んでいる。従来、確認検査を一手に担っていた特定行政庁は、これによって行政の業務として行う許認可の他、違反建築物等の是正指導、監督処分等を中心に行うことができるようになったことから指定確認検査機関との役割分担が定着してきていると言われている。

指定確認検査機関による審査期間の短縮は、建築主（設計者）の利益に資することから、当該機関を設置する当初の目的の一つであったと考えられるが、一方で指定確認検査機関同士の競争等に伴う期間短縮の過熱や審査の質の低下はあってはならず、指定確認検査機関に対しては確認検査業務における公正かつ的確な実施が求められている。

2005（平成17）年の構造計算書偽装事件では、偽装された不適切な構造計算書を確認検査で指摘することができなかったため、2007（平成19）年の建築基準法改正（建築基準法第18条の3）において、あらためて審査の厳密化・厳格化が図られた*9。

指定確認検査機関は、特定行政庁とは違って許認可の権限はないが、建築主にとっては指定確認検査機関による大臣認定前の性能評価書発行や確認申請を遠方地から行える利点がある。設計者にとっては異なる地域での確認申請を同一機関で行うこともできるため、利便性が高いと言える。

8-4　工事着手後の設計変更の法的関与

工事中に設計変更を行う場合は計画変更、軽微変更の把握やスケジュール調整が必要となり、中間・完了検査を速やかに受ける必要がある。

8-4-1　設計変更に伴う法的関与

工事は契約内容となった設計図書どおりに行うというのが工事請負契約の前提である。しかし、実際には、工事着手後もさまざまな理由で設計変更が起こり得る。設計変更内容が確認申請書と明らかに異なっている場合は中間・完了検査の際に混乱を招くため、建築主（申請の代理者としての設計者）は改めて当該検査前に必要な法的手続きをとらなければならない。

設計変更 ➡ 9-1-3、10-3

こうした法的な手続きは「取り止め」、「計画変更」、「軽微な変更」に分類される。「取り止め」は工事を中止するといった確認申請では対応しきれない場合になされる手続きである。

「計画変更」は変更部分をもって確認申請と同様の手続きを踏む。当該工事着手前に手続きを行って、当該変更部分の確認済証の交付後でなければ当該部分の工事に着手することができないため、工事期間中にタイムリーに行う必要がある。

「軽微な変更」は検査申請時までに「軽微な変更説明書」等で報告する。この変更は建築基準法施行規則第3条の2に規定される安全に向かう変更を指し、数値による表記といった定量的な規定ではない。したがって特定行政庁によって認定の判断が異なっている。

たとえば建築物の位置変更は一般的には計画変更に当たるものと思われるが、ある特定行政庁では何cmまでは軽微変更で可と例規に明示している。逆に運用指針として公開していないところもあり照会をかけなければ不明な部分も多い。公開していない場合には必ず特定行政庁等と協議をする必要があり、以前はよかった、違う場所ではよかったという思い込みで勝手に判断すると、調整に手間取り工期延長の要因となる場合がある。軽微な変更に当たるか否かの判断ができない場合は、その変更が発生したときに特定行政庁もしくは指定確認検査機関に確認する必要がある。中間・完了検査時点で計画変更と見なされ、工期遅延にならないように注意を要する。

8-4-2　各種検査に伴う法的関与

工事中の検査、完成検査なども多岐に渡る。工事施工者や設計・監理者、建築主の現場検査や、共同住宅においては購入者の内覧会も一種の検査と考えられる。公的関与では中間検査、完了検査がある。建築基準法第7条以降に「建築主は（中略）検査を申請しなけ

ればならない」との規定があり、確認申請と同様に申請主体は建築主となる。建築基準法上における工事着手後の一般的な検査フローは図 8.7 のようになる。

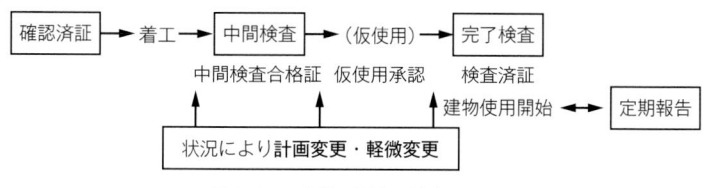

図 8.7　工事着工以降の検査フロー

確認済証 → 着工 → 中間検査 →（仮使用）→ 完了検査
　　　　　　　　中間検査合格証　仮使用承認　検査済証
　　　　　　　　　　　　　　　　　　　　　　建物使用開始 ←→ 定期報告
　　　　　　　　状況により**計画変更・軽微変更**

　建築物の規模や用途により中間検査（建築基準法第 7 条の 3、第 7 条の 4）が実施される。中間検査は共同住宅の他、用途・規模により特定行政庁ごとに実施の対象が定められている。確認申請の段階で特定工程がある場合は確認申請書に検査を行う旨の記載があるため、当該工事状況を鑑みて建築主は特定行政庁、または指定確認検査機関に申請し、検査を受ける必要がある。

　また、工事完了時には完了検査（建築基準法第 7 条、第 7 条の 2）を受ける必要がある。完了検査とは工事が建築基準関係規定に適合した確認申請図書どおりに行われたことを確かめる検査であり、これも建築主は特定行政庁、または指定確認検査機関に申請する必要がある。適合しているときには検査済証が交付され、初めて建築物の使用を開始できる。

　検査済証の交付を受けるまでは当該建築物の使用はできないが、一定の建築物に対して特定行政庁が建築基準法第 7 条の 6 による仮使用の承認をしたときは仮に使用することが可能になる[*10]。

　なお、検査済証を交付された後も建築物の使用時の安全性を担保するために一定規模以上等の建築物の所有者等は特定行政庁に対して、定期的に資格者（建築士等）に調査させ、その結果を特定行政庁に報告する義務（定期報告制度）がある。

仮使用の承認：建築基準法第 7 条の 6。一定規模の建築物に対して、仮使用の承認を受けたときは検査済証交付前に仮に使用することが可能になる。

[*10] 2015（平成 27）年 6 月の改正の施行により、指定確認検査機関も一定の安全上の要件を満たす場合には仮使用承認をすることが可能になる。

参 考 文 献

(1) 国土交通省ホームページ（閣議決定、法公布、法施行等）
(2) 国土交通省住宅局建築指導課建築技術者試験研究会 編、基本建築基準関係法令集 平成 26 年版、井上書院（2014）
(3) 東京建築士会、東京都建築安全条例とその解説 改定 33 版、東京建築士会（2009）
(4) 日本建築学会 編、建築紛争ハンドブック、丸善（2003）
(5) 日本建築学会 編、建築法規用教材 2013、日本建築学会（2013）
(6) 日経 BP 社 編、日経アーキテクチュア、（1999 〜 2014）

9 設計・監理の業務責任

本章では、日本において業務として行う建築の設計・監理の責任論の基礎を概観し、とくに契約や建築士法とのかかわりにおける業務の法的責任について、その仕組み、構成等の考え方を見ていく。

9-1 設計・監理の業務と責任の概要

日本で建築物の設計や監理を「業務」として行う場合には、大きく二つの前提を満たす必要がある。一つは建築士という国家資格を有すること、もう一つは建築士事務所登録のある建築士事務所に所属することである。そしてこの前提を満たして業務を行う場合、今度はさまざまな業務責任や法的な義務が伴う。本格的なストック社会の到来等を機に建築の業務においても「責任の明確化の視点」がさらに重要な社会的課題となってきている。建築の設計・監理者が契約社会における設計や監理業務上の責任と義務、リスクの内容、あるいは業務をめぐる契約の基礎などをよく理解することは、今や資格者として業務を行う上で不可欠の要件とならざるを得ない。

9-1-1 設計・監理業務の前提

他者に依頼されて他者のために行う仕事（通常はその対価として依頼者から報酬が支払われる）を一般に「業務」という[*1]。

*1 法文上では「業」という表現も用いられるが、本章では「業」を継続的に行うという意味で「業務」という表現に絞っている。

日本において成立する、あるいは実施される建築設計・監理の業務の前提は大きくは以下の二点であろう。

1) 一定の建築物[*2]の設計と工事監理については、建築士による業務独占（建築士という国家資格者でなければ行うことができない）の規定がある。
2) 資格者であっても建築士事務所登録をしていない、あるいは建築士事務所に所属していない個人の資格者である建築士は、一定の建築物の設計や工事監理等を業務として行うことはできない。したがって後述するとおり設計・監理等の業務委託契約では当事者の一方または双方（建築士事務所どうしで契約する場合）は必ず建築士事務所（の開設者）となる。

*2 建築士法第3条第1項には一級建築士でなければできない設計または工事監理、同法第3条の2の第1項には一級建築士または二級建築士でなければできない設計または工事監理、同法第3条の3の第1項には一級建築士、二級建築士または木造建築士でなければできない設計または工事監理の、それぞれの対象となる建築物の面積、規模、用途等が指定されている。これらの建築物がすべて無資格者では設計または工事監理をすることが出来ない一定の建築物の範囲とされる。

業務独占 ➡ 5-1-2

とくに前者について建築士は、業務独占の対価としてかなり厳格な法的責任を負っており、さらに資格者、職能人としての高度な倫理的責任が求められている。

9-1-2 設計・監理業務における責任の明確化の視点

2014年時点で、日本の総住戸数は総世帯数より15%以上多く、量的には明らかに供給過剰の様相を呈しており、人の住まない空き家

戸数は820万戸を超えている（総住宅戸数の13.5％以上）という。

高齢者人口が将来的には40％超という超高齢社会に向かう時代にあっては、住宅以外の建築物も含めて従来の高度成長期のような新築に設備投資をし、社会的な量的充足を図った時代とは建築設計・監理の業務のありようも大きく変わってきた。今後は新築マーケットの規模縮少が進む中でリニューアル・リフォーム市場の拡大というストック社会における建築へのニーズのシフトを前提に、業務のあり方自体もさまざまな面で再考すべきであると思われる。

さらに高度情報網によって大震災をはじめとする事故・災害情報等の伝播速度や頻度・密度が飛躍的に高まり、コンプライアンス意識の高まり等の視点から専門家や技術者に向ける社会全体の眼差しはより厳しくなっており、建築の設計・監理分野においても、今までとは異なった視点で業務を捉え直していく必要がある。

その一つが業務における「責任の明確化の視点」であろう。量より質の時代、ストックの活用を重視したリサイクル社会、アカウンタビリティの考え方を基盤とするインフォームドコンセント重視の社会では、今まで以上に個々の建築物の質に直接関わる専門家・技術者の業務責任が厳しく問われるようになると考えられるからである。

> アカウンタビリティ：専門家の説明責任
> インフォームドコンセント：非専門家への説明と同意

9-1-3 設計業務と適切な契約の履行

建築の設計業務は当然ながら発注者との契約にもとづいて行われるが、この設計業務については、業務報酬基準の告示である告示15号に標準業務内容が示されている。

> 国土交通省告示第15号 ➡ 4-1-1

そこでは建築設計における以下の三つの基本となる業務プロセスが明示されている。

1) 基本設計：主に建築主と合意した情報をまとめたもの。
2) 実施設計：主に生産、つまり実際に建築物をつくるために必要な情報を基本設計にもとづいてまとめたもの。
3) 工事施工段階で設計者が行うことに合理性がある実施設計：いわゆる意図伝達のことで、工事段階で本来設計者しか伝えることの出来ない設計意図を質疑回答などにより施工者等に伝達する業務のこと。

この業務報酬基準の告示による日本における標準的な設計の業務プロセスを見ると、工事施工段階での設計の補完行為や設計者や監理者による一方的な設計変更行為は、いわゆる本来の設計業務とはまったく別のラインであることがよく理解されよう。

> 設計変更 ➡ 8-4、10-3

すなわち、不完全あるいは曖昧な設計図書による契約のまま着工し、工事段階で監理業務と称して設計の補完行為を行う、契約締結後の恣意的な設計変更により発生した工事費用増額分を一方的に施

工者に押し付ける、といった片務的な契約の履行を前提とした業務の進め方は、さまざまなトラブルや紛争の原因となる可能性が高い。

したがって、このような業務の姿勢自体が今後さらに契約社会における人々の厳しい眼に晒されること等を十分認識して、建築の設計者は自らの設計図書の完成度を高め、双務性に配慮したより適切な契約の履行を前提として業務の構築を心掛けるべきであろう。

> 双務性：契約当事者の双方が互いに義務を負うこと。なお、片務は契約当事者の一方だけが義務を負うことである。

9-1-4 監理業務と適切な契約の履行

建築の監理業務は、監理業務委託契約にもとづいて工事施工段階で監理者が行う（設計業務を除く）業務である。日本の建築生産システムにおいては、設計、工事監理、施工の三つのプロセスのそれぞれが同じ比重でともに欠かすことができない重要な役割を担っているが、工事監理を含む監理業務も建築主との業務委託契約によって行われる。

この「監理業務」はいわゆる契約上の呼称であり、「工事監理」（工事と設計図書との照合・確認のみを指す法的な義務）を含んだより広範な業務を指しており、このうち工事監理業務は設計業務とともに建築士法に規定された建築士の独占業務となっている。そして、一定の建築物では建築士である工事監理者を置かなければ建築主は「工事をすることが出来ない」と法に明記されている。

日本の建築生産では、建築士などの個人の資格者や技術者の多くは組織に雇用されており、同様に設計・監理・施工を一括で受注する（そして当該業務を一貫して行う）組織に建築士が多く所属しているなどの状況下では、建築士法でそれぞれ別個に機能することが想定されている「設計」「監理（工事監理を含む）」「施工」の三つの業務を契約上はすべて同一人や同一組織が受託するケース等があることから、それぞれの業務の趣旨が明確に意識されにくい業務環境がある。

したがって実務者にさえ前述の工事監理と監理の違いなどはよく理解されていない面もあるが、少なくとも建築士は監理業務に含まれている法に規定する工事監理の重要性を認識し、それに伴い資格者として重い業務責任を負っていることをよく自覚するべきであろう。

> 不法行為責任 ➡ 9-2-4

近年、契約当事者が負う契約責任とは別に業務担当者個人の不法行為責任が社会的に広く意識されるようになった。このような時代にあっては、契約当事者ではない個々の実務者にとっても資格者として負う建築士法上の責任を果たすだけでなく、建築の業務全般にわたる責任の明確化の視点や担当業務に対する正確な理解が不可欠になると思われる。

9-1-5 設計・監理における業務のリスクとその対応

　建築の設計・監理業務においても、契約や業務の履行・遂行等をめぐって当事者間や第三者との間でトラブルが発生し紛争（民事裁判等）になる場合がある。
　こうした建築紛争の主なものとして、たとえば
　①契約の成立をめぐる争い
　②報酬の支払いをめぐる争い
　③瑕疵ある設計（設計ミス）をめぐる争い
　④監理業務が適切になされたか否かをめぐる争い
　⑤施工責任と監理責任をめぐる争い
　⑥追加・変更による責任や報酬などをめぐる争い
　⑦自己や第三者損害をめぐる争い
などがある。
　また後述のとおり行政処分などの公法違反にかかわるものや契約当事者ではない業務の担当者が個人として不法行為責任を問われるケースなどがある。
　建築紛争では訴訟の提起による裁判所の判決、裁判所やADR機関による調停・仲裁等の解決手段がある。裁判は公開だが、調停やADR機関による審理等は非公開となっている。民事事件の場合、基本的には法的責任が確定すると金銭賠償となるケースが一般である。
　建築の実務者は建築紛争のみならず、つねに建築にかかわる事故、災害、事件、処分などに関心を寄せ、実際のトラブル事例等を参照して、こうした出来事が発生した背景にある技術的要因や法令違反、職業倫理意識の欠如等についてもその内容を十分把握し、検証しておく必要がある。
　さらに同じ建築実務に関わるものとして同様な問題が発生した場合に自らはどのように対処・行動すべきかを平常時に日常的、継続的に考え、つねにこうした事例をプラクティス（実務学習）として捉え、実践しておくことが望ましい。こうしたプラクティスは、一般に「予防倫理学習の実践」とよばれている。
　職能人としての自らの職責を適切に果たすために、平常時のさまざまな予防倫理の実践を通してつねにリスク回避に向けた学習や業務責任にかかわる意識を持続し、日々の業務においてそれらの成果を効果的に活用した真摯な業務の履行が求められている。

ADR機関：住宅品確法による紛争処理機関、国土交通省や都道府県の紛争処理機関、弁護士会による紛争処理機関などがある。

9-2 設計・監理業務に伴う責任論の基礎

業務における責任論の基礎としては、社会の規範のうち強制力のある法規範の理解が重要である。同時に建築の設計・監理者が業務において、なぜ、どのような法的責任を負うのか等について、日本の法体系の基礎である公法、私法の観点からこれを理解する必要がある。

9-2-1 二つの社会の規範

人間が社会の中で集団の一員として生活していくために守るべきルールを総称して「社会の規範」という場合がある。

この社会の規範には「法規範」と「法規範以外の規範」があり、これらは社会における共同生活で人が守るべき規範（ルール）としては同根であるが、その違いは社会的な強制力の有無にある。すなわち法規範には社会的な強制力（拘束力）があるが、それ以外の規範には強制力まではないとされている（図9.1）。

これらのうち、建築の専門技術者としての職能意識の基盤となる自覚的な責任は、道徳などと同じく強制力のない「法規範以外の規範」に属しているが、職業倫理の中核となる大切なものである。

こうした規範に悖る行為は、たとえ少数の者が引き起こした事態であっても技術者全体の社会的な信用や地位を著しく毀損する可能性が高い。その回復に長い時間を要することは、いわゆる2005（平成17）年に露見した「構造計算書偽装事件」などを見れば明らかであろう。

一方、社会の規範のうち「法規範」とよばれるルールは法そのものであり、社会的な強制力のある規範である。したがって法に違反すれば法的責任を負うことになる。

後述するとおり日本の公法と私法による法の体系のもとで建築士も資格者として、また社会において集団の一員として生活する者として、この法規範に従わなければならない。

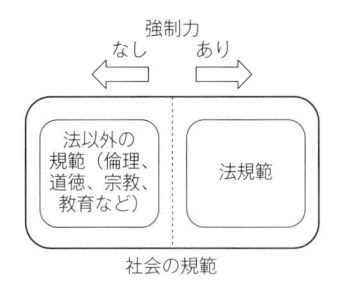

図9.1 二つの社会の規範

9-2-2 公法と私法、二つの法的責任

ここでは公法、私法から見た設計・監理業務における法的責任に関して具体的に述べる。

一般に強制力をもった約束事の担保・保証の体系を「法」という。また、法で言う責任とは「制裁として課せられる不利益」（たとえば賠償金の支払いや身体拘束などのペナルティ）のことであるが、こうした法的責任は、一般に刑法による刑事責任などの公法上の責任と、民法などによる民事責任（私法上の責任）に区別される。図9.2に示すように日本の法には大きく分けて公法と私法の二つの

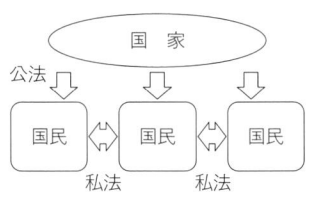

図9.2 公法と私法の考え方

グループがある。

公法とは憲法・刑法・税法・建築基準法・建築士法など、国家が国民に対して定めた権利義務の規定、いわば国と人の縦の関係の法のグループであり、その法的責任は国民や法人が国家に対して負うことになる。具体的な責任の内容（処罰）はそれぞれの法に処罰規定として示されているが、たとえば刑事責任は刑法にもとづいて負う公法上の責任を指している。

一方、私法とは、私人間（しじんかん）の生活関係の法、いわば国民どうしの権利義務を定めた横の関係の法のグループであって、その責任は他の私人（法人などを含む）に対して負うことになる。これは民法などがカバーする領域であるが、生活関係とは民法では取引、物の支配、事件、事故、夫婦関係、親子関係、相続の7つを指している。

民法は人間としてもつ法的権利はあまねく平等であることを前提に、私的自治（契約自由）などの原則によって、国民と国民の間の関係を権利・義務で規律する法で、私法の代表格とされる。一般に言う請負契約、委任契約などのさまざまな契約については、この民法に規定されている。

私法上の責任はいわゆる民事責任である。前述の刑罰や行政処分などの公法上の責任と私法上の民事責任は、どちらか一方だけではなく個人や法人などがそれぞれ別個に、また同時に負う可能性があるので注意が必要である。

> 国民：法でいう自然人。
> 法人：法で定めた人。

9-2-3　設計・監理業務の公法上の責任（行政処分と行政罰）

たとえば、公法である刑法上の責任（業務上過失致死など）では刑罰が科せられる。同じく公法である建築基準法や建築士法にはそれぞれ処分規定、罰則規定があり、該当する違反があればそれぞれの法で定めた処罰が重畳的に適用される。建築士法は公法のうち、建築にかかわる行政法のグループに分類され、こうした行政法上の処分と罰則をそれぞれ行政処分と行政罰という。

また、こうした公法上の処分（責任）は、前述のとおり損害賠償請求などの民事責任とはまったく別に、あるいは同時に負う可能性がある。

このうち、建築士法による行政処分は、
1) 建築関係法令違反
2) 不誠実行為

等を処分の理由としており、建築士法にもとづき建築士に対する戒告、業務の停止または免許の取り消し[*3]ならびに建築士事務所の開設者に対する戒告、建築士事務所の閉鎖または登録の取り消し、また建築士試験の合格の取り消し、懲戒、第26条の監督処分に規定される処分等を含んでいる。

> 処罰：処分と罰則。

[*3] 建築士法第9条

さらに処分を受けた建築士の氏名、登録番号、処分内容、処分理由等が公告され、一般の閲覧に供される建築士名簿には処分内容・処分年月日および登録抹消の事由、抹消年月日が記載される。これらの処分はそれぞれの建築士の免許権者である国土交通大臣（一級建築士の場合）および都道府県知事（二級および木造建築士の場合）、建築士事務所の登録許可権者である都道府県知事が行う。

　なお、建築士の業務停止、免許の取り消し処分に際しては、聴聞が行われ、処分について一級建築士は中央建築士審査会、二級・木造建築士については都道府県建築士審査会の同意を得る必要がある。対象となった建築士が行政処分を不服とする場合は、行政不服審査法による審査請求等を提訴することができる。

　行政罰は違反者に対する懲役刑や罰金が検察官の起訴を受けた裁判所の判決により科され、過料は裁判所が決定する。建築士法では、第38条から第44条までの規定がこれらの根拠法令となる。

　2005（平成17）年の構造計算書偽装事件を契機として2006（平成18）年6月の建築士法改正において、懲役刑も含む罰則の強化が図られている。

9-2-4　設計・監理業務の私法上の責任（契約責任と不法行為責任）

　私法上の責任は民法などに規定され、民事責任と称されるが、主なものに契約責任がある。

　契約はごく簡単に言うと特定の相手との法的拘束力をもった約束事（意思表示の合致）であるが、その内容（約束事）は「契約自由の原則」によって当事者同士で自由に決められる。ただし、取り交わした契約については不適切な内容や契約締結時の状況などによって、無効や取り消し等の法的な判断が働く場合もある。

　また、個別の契約において具体的な取り決めがない部分は民法の規定によることになるが、おのおのの契約で使用する個別の「契約約款」は、いわば民法の特則で、個別の契約においてはこの約款が民法の規定（任意規定）に優先する。

　建築の設計・監理業務における業務委託契約では、委託者と受託者の双方（契約当事者）に契約内容を遵守する法的な責任（拘束力）が生ずることになり、締結された契約の当事者間では一方的にこれを破棄したりその内容を勝手に変更したりすることは出来ない。

　なお、建築の設計・監理業務を受託する（受託者として契約責任を負う）契約当事者は前述のとおり建築士事務所（の開設者）であり、実際の業務を担当する建築士が当該契約当事者とは別人の場合、担当建築士が直接業務委託契約の責任を負うわけではない。

　業務委託契約の内容に違反すると損害賠償などの債務不履行責任

契約自由の原則：私的自治ともいう。権利、義務の内容を当事者間で自由に決められること。具体的には、締結自由、相手方自由、内容自由、方法自由の四つがその内容とされる。

契約約款：契約の細かな取り決めを条文化したもの。

委託者：業務を依頼した者。
受託者：業務を頼まれた設計・監理者としての建築士事務所。

帰責性：責任の帰すう性のこと。

を負う可能性がある。債務不履行は特定の相手に対する債務を実現できていないこと、および債務者に帰責性（故意または過失など）があることが要件となる。債務不履行責任は具体的には契約を解除されたり、損害を賠償させられたりすることを言う。

また、民事責任には不法行為責任がある。不法行為責任は他人の権利を侵害する行為を対象とする責任で、契約によらない私法上の責任であり、同じく損害賠償などの法的責任を負う。したがって契約責任と異なり適用場面に制限はない。不法行為が成立する要件としては

1) 故意または過失
2) 損害が発生していること
3) 行為と損害の間に相当因果関係があること
4) 違法性に該当する

等があげられる。

不法行為における損害の立証責任は被害者側にあるが、民法の規定では債務不履行責任に比べて時効までの期間が長い。また、債務不履行、不法行為についてはともに過失があった場合にのみ責任を負う「過失責任」が原則となる。これに対して請負契約による瑕疵担保責任などは、過失がなくても負う可能性のある「無過失責任」である。

近年では、業務委託契約の当事者（建築士事務所の開設者）ではない業務を担当する建築士個人が、不法行為を理由に直接名指しされて業務責任を問われ、訴訟を提起されて損害賠償を請求されるケースも散見されるので注意が必要である。

9-2-5　設計・監理者の注意義務

建築士は設計や工事監理業務に当たり、法的・技術的判断のもと、専門家としての高度な注意義務（善管注意義務）を負うとされている。これらの注意義務の対象については、設計業務では構造上の安全性、仕上げの安全性、設備仕様、性能、材料選択、近隣に対するもの、建築主の要求、著作権侵害、その他などがある[4]。

いずれも業務に起因して、不具合等が発生することなく、またユーザーや近隣、第三者の事故・災害等の発生につながることがないように十分な対応が必要である。

善管注意義務：民法第10節（委任）、第644条受任者の注意義務。受任者は、委任の本旨に従い、善良な管理者の注意をもって、委任事務を処理する義務を負う。

[4] 大森文彦、建築士の法的責任と義務、新日本法規出版（2007）参照。

9-2-6　設計・監理業務で負う責任のまとめ

設計・監理者が業務上負う責任の全体像を今まで見てきた視点によって再度まとめると、おおむね以下のとおりになる。

1) 職能人として負う職業倫理上の責任（強制力のない社会的責任）

2）刑事責任（法的＝公法上の責任で刑法の定めによる刑罰がある）。
3）行政処分と行政罰（法的＝公法上の責任で建築士法など行政法のグループに定められた資格者が負う法的責任である。なお、建築士法には法令順守や職責に関連する条項がある）。
4）民事責任（法的＝私法上の責任で強制力のある法規範のうち契約で負う責任など私法上の責任をいう。債務不履行責任、不法行為責任、瑕疵担保責任などがある）。
5）職能団体等（加入・参加は自由）が所属する会員等に独自に課す自律的責任や罰則。

さらに民法でいう善管注意義務を果たしながら、こうした責任のもとに適切に業務を遂行することが設計・監理者が負う責任論の基礎になる。

10 責任論から見た設計・監理業務
―説明責任の根拠、監理責任の範囲など

本章では建築の設計・監理の実務でしばしば問題となるいくつかの項目をテーマとして取り上げ、これらについて、業務における責任論の視点から見ていく。

10-1 設計業務委託契約の考え方と責任

現在の民法の規定では、建築の「設計業務委託契約」を準委任契約と考えた場合と請負契約と考えた場合によって、それぞれの契約責任の考え方も異なるので、その違いをよく理解する必要がある。

建築の設計者が業務において負う責務（責任や義務）の概略はすでに述べたとおりであるが、とくに建築の設計業務委託契約については、現在の民法の規定によれば契約の性質に関連して責任の解釈に違いがある点に留意する必要がある。

まず、実際の建築物の設計は、契約時には完成すべき内容はあらかじめ決まっていないなど、仕事の完成という色彩に乏しく、むしろ専門知識・能力による裁量的事務処理の色彩が濃いので、民法の典型契約に照らせば建築の設計契約は、ほぼ「準委任契約」であるとする考え方がある。

もう一方で建築士法の規定における「その者の責任による設計図書の作成」による設計図書の完成と引渡しの義務を請負（仕事の完成・引渡し）と見ると、建築の設計契約は、まさに契約の目的物である設計図書を完成させて引き渡すという業務であり「請負契約」であるとする考え方もある。

さらには、それらをあわせもつ混合契約、また非典型契約とする考え方もあり、その解釈は定まっているわけではない。準委任契約と見るのか請負契約と見るのかという考え方、捉え方の違いによって、たとえば以下のように契約責任の範囲が変わる可能性がある[*1]。

1) 準委任契約とすれば、債務不履行責任（過失責任）を負う。たとえば建築主の指示に反する設計となっている場合や完成建物に瑕疵が生じた場合で、それらが設計者の過失によるものと評価（判断）された場合に損害賠償などの責任を負う可能性がある。
2) 請負契約とすれば、瑕疵担保責任（無過失責任）を負う。たとえば設計図書の内容が法規に違反する場合や契約に違反する場合などである。いずれも設計者に過失がなくても損害賠償などの責任を負う可能性がある。

[*1] なお、契約によらない民事責任である不法行為責任、さらに善管注意義務（高度な専門家の注意義務）違反に対する責任や公法違反による処罰等については、契約の性質によって変わることはない。

準委任契約：民法第656条。法律行為でない事務について受託者にその遂行を委任する契約。

10-2 設計者の説明責任

設計業務において問題となる「説明責任」は何を根拠とする責任なのか、その内容はどのようなものなのかなどについて十分認識しておく必要がある。

10-2-1 説明の効果と説明責任

ここでは建築設計の業務責任のうち、とくに多くの建築紛争において争いが発生する原因の一つとされている設計者の「説明責任」をテーマに取り上げて、建築の設計における説明義務やその責任の法的根拠等について考えてみたい。

一般に建築の設計では、委託者と受託者の間には双方の有する専門的な知識に大きな格差があるため、とくに相互の意思の伝達、理解等においては非専門家である委託者への、専門家である受託者による丁寧な説明が必要となると考えられる[*2]。

*2 大森文彦、新・建築家の法律学入門、pp.64-65、大成出版社（2012）参照

建築士法第18条第2項には、「建築士は設計を行う場合においては、設計の委託者に対し、設計の内容に関して適切な説明を行うように努めなければならない」という規定があり、法的には努力義務ではあっても設計期間中の委託者への設計内容の無限定とも解される公法上の説明義務が規定されている。

結局のところ、説明の効果という視点から見た建築設計者の説明責任とは、設計内容について説明がなされなかった部分により、あるいは不適切な説明がなされたことによって、建築主など設計業務の委託者が何らかの損害や不利益を被った場合に受託者に問われる責任であると考えられる。

つまり、設計者（受託者）の説明によって建築主（委託者）の自己決定権が侵害された場合などに負う可能性がある責任、すなわち過失の有無を問わず負う無過失責任ではなく、専門家としての注意義務を果たしていないと判断された場合に問われる過失責任である。建築設計者の「説明」はこうした責任を果たすための設計契約に含まれる受託者としての義務であり、契約において負う業務上の責任の一つであると考えられる。

設計内容の説明は設計業務の中にあって、業務上のトラブル防止の観点からもとくに重要であることから、なぜ、当該説明をしなければならないのかという説明義務や責任の根拠等を次頁でさらに詳しく見ていきたい。

10-2-2 さまざまな説明義務の根拠

(1) 職能上の説明義務（法規範以外の規範による説明責任）

専門家、専門技術者としての職能上の説明義務と責任の根拠とし

ては、たとえば以下の考え方がある。
- アカウンタビリティ（専門分野においてクライアントや非専門家に対し専門家として説明を行う責任と義務）による。
- インフォームドコンセント（説明と同意）による。

これらは社会的な意味での強制力までではないが、一般的に非専門家である委託者の自己決定権の担保を目的とする専門家に課せられる職能上の最低限の説明責任の根拠と考えられている。

（2）公法上の説明義務（強制力のある規定）

建築士法第18条第2項は、建築士による自らの設計内容の説明の努力義務と読めるが、何を、いつ、どこまで、どのように説明するかは規定されていないことから説明範囲等は無限定とする考え方がある。

> 建築士法第18条第2項：建築士は、設計を行う場合においては、設計の委託者に対し、設計の内容に関して適切な説明を行うように努めなければならない。

また、同法第24条の7では、契約に先立つ重要事項説明および当該書面交付義務の規定がある。以下に規定する項目が説明義務の対象になると考えられる。

> **建築士法第24条の7**：建築士事務所の開設者は、設計または工事監理の委託を受けることを内容とする契約（以下それぞれ「設計受託契約」または「工事監理受託契約」という。）を建築主と締結しようとするときは、あらかじめ、当該建築主に対し、管理建築士その他の当該建築士事務所に属する建築士をして、設計受託契約または工事監理受託契約の内容およびその履行に関する次に掲げる事項について、これらの事項を記載した書面を交付して説明をさせなければならない。
> 1) 作成する設計図書の種類（設計業務）
> 2) 工事と設計図書との照合および工事監理の実施の状況に関する報告の方法（工事監理の方法）
> 3) 従事することになる建築士の氏名と建築士の種別
> 4) 報酬の額および支払いの時期
> 5) 契約の解除に関する事項
> 6) その他（国土交通省で定める事項）

（3）標準的な設計業務等の内容に含まれる説明義務

標準的な設計業務等の各段階の内容に付随する説明義務は、告示15号の標準業務内容に含まれている。ただし、この標準業務自体は法による強制ではない。

> **基本設計段階**
> 1) 設計条件等の整理（設計条件の変更等の場合の協議を含む）。意向や希望等について建築主に説明を求め、内容を協議する。ここには当然ながら確定条件等についての必要な説明義務が含ま

れると考えられる。
2) 基本設計方針の（策定および）建築主への説明。
3) 基本設計内容の建築主への説明等（報告、意向確認、図書の提出、設計意図および基本設計内容の総合的な説明）。概算工事費の説明を含むと考えられる。

実施設計段階
1) 要求等の確認（再確認と修正、変更の協議→建築主）確認のために必要な説明義務が含まれると考えられる。
2) 実施設計方針の（策定および）建築主への説明。
3) 実施設計内容の建築主への説明等（報告、意向確認、図書の提出、設計意図および実施設計内容の総合的な説明）。概算工事費の説明を含むと考えられる。

工事施工段階の実施設計
設計意図を正確に伝えるための質疑応答、説明（建築主を通じて工事監理者、施工者に行う）。

工事監理に関する業務
設計者があらかじめ工事監理の方法等を設計図書に記載し、その説明を行う場合がある。また、設計者と監理者が同一人の場合は、工事監理方針やその変更について設計段階から都度，説明をし、協議する。

(4) 契約上の説明義務

契約上の説明義務は法的な拘束力のある義務（契約内容）となる。内容はそれぞれ個別の契約の定めによる、あるいは善管注意義務の範囲内となるが、たとえば四会連合協定版建築設計・監理等業務委託契約約款を使用した場合には，上記（3）の告示15号の標準業務内容を含む以下の項目等の説明が契約内容となり、法的拘束力をもつ説明義務の対象になると考えられる。

四会連合協定版建築設計・監理等業務委託契約約款：建築関連四団体（日本建築士会連合会、日本建築士事務所協会連合会、日本建築家協会、旧建築業協会）によって作成、制定された設計・監理等業務の共通業務委託契約の書式「四会連合協定建築設計・監理等業務委託契約書類」（平成27年3月改正）のこと。

業務全般（契約約款）
1) 協議の書面主義（説明した内容等を原則として書面化する：第2条）
2) 成果物の説明・提出（内容説明義務：第4条）
3) 業務工程表の提出（内容説明義務：第5条第1項）
4) 監理業務方針の説明等（第6条第1項）
5) 再委託（委託の趣旨の説明義務：第14条第2、3項）

(5) 設計変更に関する説明義務

建築士法、契約上も上記の設計業務の説明に関する項目にすべて準ずると考えられる（「設計変更」の責任については10-3節）。

10-3 設計変更と設計・監理業務の責任

> 工事段階の「設計変更」は、その程度によって設計・監理や工事の契約変更を伴う場合がある。どのような場合でも関係者へ十分に説明することが重要である。

建築生産において工事施工段階でさまざまな理由で設計変更が行われる場合が多い。これが建築にかかわる業務の特徴の一つでもあるが、ここでは責任や権限の観点から設計変更について見ていく。

10-3-1 「設計変更」の種類と契約とのかかわり

設計変更の契機は、発注者側の発意による場合（施工者等からのVE提案等を受けたケースなどを含む）の他、設計者または監理者自らによる判断、実施設計図書の不備等による設計者の追完や修正、行政の指導、極端な価格変動など外在的な条件の変動、あるいは施工上の理由等で施工者が変更した場合などが考えられる。

実際の設計変更の権限内容、責任等は契約当事者間の合意で自由に決められるので、個別の契約で使用される契約約款や特約等で任意に定めてよい。

こうした設計変更については、変更の程度によって一般に大きく以下の二通りのケースに分けて考えられる。

1) 軽微な変更（契約上の定義にもよるが、通常は請負金額の大幅な変動、また、設計・監理等の業務量、業務報酬、工期、財産的価値等の変動を伴わない変更のこと）
2) 上記以外の変更（大幅な契約内容の変更を伴う場合）

1)の軽微な変更の場合はとくに契約変更としないケースも多い。しかし、その場合も建築主、設計者、監理者、施工者など変更の発意者のいかんにかかわらず、軽微な変更にかかわる契約当事者間の合意が前提である。関係者への説明や報告なしに無断でこれを行うことは、契約違反のみならず建築士法違反をはじめとする違法行為につながる可能性があるので、十分な注意が必要である[*3]。

次に2)の場合は、設計変更による設計者、監理者の業務量や施工側の工事費等の変動（増減）に伴い、一般的には設計・監理業務委託契約と工事請負契約の二つの契約内容が大きく変わると考えられることから、受託者は委託者に対し十分な説明責任を果たし、あらためてそれぞれの変更契約を締結するなどの必要がある。

また、当該変更による確認申請や各種届出などの変更の手続きや、著作権に関する処理等も必要となる場合がある。設計者、監理者や施工者が一方的に当該設計変更を行ったことに起因して委託者に損害が発生すれば、設計者、監理者、施工者への不法行為等を理由と

VE：Value Engineeringの略。製品などの価値向上を目的に、最適なコストで機能や性能などを最大にすること。

*3　なお、設計者が監理業務に関与していないケースで、施工時にこうした軽微な変更を委託者や監理者が行った場合、四会連合協定版建築設計・監理等業務委託契約約款では、設計者はその結果につき異議を唱えることは出来ない旨の規定や、設計変更時の著作権の扱いに関する規定がある。

損害：ここでは工期の遅れや減額変更による財産価値の毀損などのこと。

する損害賠償請求が行われる可能性もある。

なお、双方合意のもとに行った設計変更に起因して瑕疵などの不具合が発生した場合には、変更契約に免責等の特約がなければ契約の当事者である設計・監理者や施工者は、従前の契約と同様な債務不履行、瑕疵担保責任を負うことになると考えられる。

このような設計変更の権限と責任については建築士法第19条の規定[*4]がある点にも注意が必要である。

工事着手後の設計変更にかかわる確認申請書等の内容変更に伴う「法的処分（取りやめ、計画変更、軽微な変更がある）」の詳細については、8-4項の関連部分を参照されたい。

10-3-2 工事請負契約と設計変更

国土交通省の「営繕工事請負契約における設計変更ガイドライン（案）」では、公共建築工事の請負契約における設計変更の指針が示されている（表10.1）。設計変更によって契約内容の変更を伴う場合でもあらかじめ十分な説明、協議、書面による確認、合意などがなければ設計変更の契機となる条件変更とは認められないという考え方は、民間の工事においてもまったく同様であり、設計者、監理者、施工者は十分これを留意する必要がある。

[*4] 建築士法第19条（設計の変更）。一級建築士、二級建築士または木造建築士は、他の一級建築士、二級建築士または木造建築士の設計した設計図書の一部を変更しようとするときは、当該一級建築士、二級建築士または木造建築士の承諾を求めなければならない。ただし、承諾を求めることのできない事由があるとき、または承諾が得られなかったときは、自己の責任において、その設計図書の一部を変更することができる。

表10.1 「営繕工事請負契約設計変更ガイドライン（案）」における「設計変更」の指針［2014（平成26）年3月］

「設計変更」の可能・不可能	工事請負契約書の条項および各種ケース		
	該当条項	各種ケース	例または補足等
可能なケース	第18条（条件変更等）	・設計図書に誤謬または脱漏がある場合	例）工事施工上必要な材料名について、図面ごとに一致しない場合
		・設計図書の表示が明確でない場合	例）関連工事の内容が明確でない場合
		・設計図書に示された自然的または人為的な施工条件と実際の工事現場が一致しない場合	例）設計図書で明示された想定支持地盤と実際が大きく異なることが判明した場合 例）施工中に設計図書に示されていないアスベスト含有建材を発見し、撤去等が必要になった場合
		・設計図書で明示されていない施工条件について予期することのできない特別な状態が生じた場合	例）施工中に地中障害物を発見し、撤去が必要となった場合 例）施工中に埋蔵文化財を発見し、調査が必要になった場合
	第19条（設計図書の変更）	・発注者から設計図書の変更に係る指示があった場合	補足）発注者は予測可能な追加工事については、その内容を予め設計図書で示すのが望ましい。
	第20条（工事の中止）	・受注者の責めに帰すことができない自然的又は人為的事象により、受注者が工事を施工できないと認められる場合	・発注者は工事の全部または一部の施工を一時中止させなければならない。 ・発注者は、受注者が一時中止に伴う増加費用を必要とした場合はその費用を負担しなければならない。
不可能なケース	・設計図書に条件明示のない事項において、発注者と「協議」を行わない又は発注者からの「指示」等の通知がなく、受注者が独自に判断して施工を実施した場合 ・発注者と「協議」をしているが、協議の回答がない時点で施工を実施した場合 ・契約書・公共建築工事標準仕様書に定められている所定の手続きを経ていない場合 ・指示・協議等、正式な書面によらない場合 ・総合評価方式による技術提案の内容を変更して施工を実施した場合（条件変更等を伴わない場合）		

10-4　監理業務の責任と施工責任

建築における「施工の瑕疵や不具合の発生」については、一義的には施工者の責任が問われるが、民事事件ではそれが責任の負担割合として監理者の責任に重なる場合があるので十分な注意が必要である。

10-4-1　工事監理、監理業務の責任範囲

工事施工段階における監理者による工事監理を含む監理業務の責任の内容、範囲等の考え方について責任論の視点から見ていく。

(1) 工事監理の具体的な方法等には法の定めがないこと

まず、監理業務の責任について考えるときに、前提として監理業務に含まれる法の義務である「工事監理」の対象、範囲、方法等には、法による具体的な定めは一切ないことに留意する必要がある。

「工事監理の業務」とは、建築士法によって「その者の責任において工事を設計図書と照合し、それが設計図書のとおりに実施されているかいないかを確認することをいう。」(同法第2条第8項) と規定された「工事監理」を行う業務をいう。すなわち、建築工事の各段階の結果を「設計図書」と照合し、そのとおりに出来ているかどうかを、「その者」である工事監理者の責任において確認する一連の業務のことである。

しかしながら、法文には上記のように工事監理の定義が示されているのみで工事監理者が行う業務の対象、範囲、方法等については一切規定されていない。つまり、設計図書との照合・確認について、何を、どこまで、どんな方法で行うのかについて、法にはまったく明示されていないのである。

したがって建築士法上の「工事監理」業務は、工事監理者が工事全般について合理的な方法で確認する法的な「義務」と解釈されるので「設計図書に定めのある」場合においてもそれ以上する必要がない、あるいはそれだけ行っていればよいというものではない[5]。

上記「確認」は「対象工事に応じた合理的方法による確認」で足りると解され、また工事監理における「合理的方法による確認」とは、立ち会いまたは書類確認、あるいはそれらを併用した方法によるとされる[5]。

工事監理者は善管注意義務を果たしながら、自らの判断で方法を決めることになるが、その方法が合理的であり客観的に妥当性があるか否かが争われる場合には、最終的には裁判官等による法的な判断となる。

[5] 大森文彦、新・建築家の法律学入門、建築士の法的責任と義務、大成出版社（2012）参照

(2) 監理者と工事監理者の呼称と権限について

監理業務を行うものは、契約（私法）上は監理者、建築士法（公法）上は工事監理者とよばれる。これらはそれぞれ業務委託契約書に記載された者（監理者）、建築確認申請書等に届けられた者（工事監理者）を指している。監理者、工事監理者が同一者の場合も多く、あるいは複数の工事監理者が届けられる場合もある[*6]。

監理者の権限は建築士法により定められた工事監理者としての権限（法の義務）を除いて、個々の業務委託契約で自由に定められる。

ただし、「民間（旧四会）連合協定工事請負契約約款」などのように監理者の権限等にかかわる規定が工事請負契約約款に含まれている場合も多いことから、同じ建築物における工事請負契約と監理業務委託契約の双方の契約当事者である委託者（建築主など）は、それぞれの契約において、監理者の権限や監理の方法、どのような業務を頼んだのかといった委託）内容を整合させ（矛盾する委託内容としない）、監理者と施工者のそれぞれに通知して、施工者に対する監理者の権限内容等を明確にする必要がある。

*6 なお、監理業務委託契約の当事者はあくまで建築士事務所の開設者（個人または法人の場合はその代表者）であり、監理業務の担当者や工事監理者とは異なる場合もある。

(3) 監理業務の法的責任の内容

前述のとおり建築の監理業務は監理業務委託契約によって行う。この監理業務委託契約はほぼ準委任契約と考えられる。その場合には過失があれば契約上の責任を負うことになる。

監理者は、契約上、債務不履行責任を負い、善管注意義務を負う。また、他者に損害を与えるなど過失があれば、契約当事者あるいは契約当事者ではない監理業務の担当者個人が不法行為責任を問われることもある。こうした民事責任は、基本的に他者の損害への金銭賠償である。

契約責任とは別に、個々の資格者や建築士事務所の開設者に対し、公法違反として建築基準法や建築士法の処罰規定、すなわち行政処分や罰則を科し、さらに刑事責任を問う場合がある。

工事監理を除く監理業務については、建築士法などの規定にはないが、建築士が行った不誠実な行為と見なされた場合には建築士法上の処分の対象になる可能性がある。

上記の前提から、次に工事監理を含む監理業務の責任と施工者が負う施工責任とのかかわりを見ていく。

監理者：ここでは契約当事者である建築士事務所の開設者。
債務不履行責任：たとえば契約違反、すなわち監理の懈怠、工事の瑕疵が監理業務の過失に由来するなど。
➡ 9-2-4

行政処分：資格剥奪、懲戒処分、監督処分など。
罰則：行政刑罰と秩序罰。

10-4-2 監理責任と施工責任のかかわりについての考え方

近年では、施工上の瑕疵や不具合等が発生した場合、建築主（委託者）が施工者の施工責任とは別に監理者に対して監理業務委託契約違反、あるいは施工上の瑕疵の発生を見過ごした責任を問う[*7]などの事例が増えている。

*7 契約違反は契約当事者である建築士事務所に対して、また監理担当者個人に対しては不法行為責任を問うことになる。

具体的には監理者の不適切な指示や業務態度等に起因する損害に対する賠償請求、施工の瑕疵を見過ごした監理者としての責任を施工者と連帯して、あるいは単独で負うべき等といった主張であり、さらには前述のごとく監理担当者個人に対する不法行為責任にもとづく損害賠償請求もある。たとえば実際の建築紛争では、以下のような主張が当該請求原因としてあげられている。

1) 施工瑕疵に対しては施工者のみならず監理者も連帯責任を負うべきではないか。
2) 不具合につながる何らかの監理業務の懈怠や監理者のミスがあったはず。
3) 抽出確認から外れた部分での不具合の発生についても工事監理（対象は設計図書）、監理（対象は設計図書を除くもの）業務上の責任があるはず。
4) 上記2)のうち、とくに監理者の不適切な指示や、指示の遅れが原因で損害が発生したのではないか。

基本的には施工に起因する瑕疵や不具合は、あくまで施工者の（工事請負契約の範囲内で）負う責任である。

しかし、前述のとおり、建築士法では工事監理の対象（何を）、どこまで（範囲）、どうやって（方法や頻度）についての規定はないことから、結果的に工事監理者の責任は無限定（施工者の瑕疵と言えども、それにかかわった責任がある）という解釈もある。

一方で、建築工事の場合、そのすべてにわたり施工の各段階の膨大な結果を設計図書と照合して逐一「全数確認」をすることは一般に不可能であることから、工事監理者は設計図書に定めのある方法や自ら合理的と判断する方法で、基本的には「抽出確認」を前提に工事監理の照合・確認業務を行う。

抽出確認：全数確認に対して一定割合による抽出によって確認する方法。

ところが、民事事件では一般に瑕疵修補や損害賠償の責任の判断は裁判所やADR機関による金銭額の評価となり、施工の瑕疵等をめぐって施工者の請負契約上の責任（施工責任）と、不適切な施工を見過ごした（工事）監理者の監理業務委託契約上の責任（監理責任）がともに認められると判断された場合には、賠償責任は結果的に損害等の全体に相当する金額の負担（責任）割合として示されることが多い[8]。

*8 たとえば確定した瑕疵修補費用と、その他の損害賠償額の合計金額につき、施工者が70％、監理者が30％をそれぞれ負担するなど。
➡ 13-1-3

したがって監理者（契約当事者）が瑕疵修補等に必要な費用の一部（責任割合分）を負担する場合には、外見的には監理者が施工責任の一端を負っているように見受けられる。しかし、繰り返すように本来、施工責任は施工者が工事請負契約上負う責任であり、（工事）監理者は自らの工事監理責任と監理業務委託契約上の責任や善管注意義務を負っているのであって、あくまで施工者と（工事）監理者はこうした契約の範囲内でそれぞれの業務責任を負っていると考え

るべきであろう。

　他方、建築主（委託者）にとっては本来適切な建築工事によって瑕疵等のない工事請負契約の目的物（完成した建築物）の引渡しを受けることが、あるいは仮に不具合が発生した場合でも当該施工の不具合が是正（修補）され、安全・快適に暮らすことのできる建築物を手に入れるという契約の目的が達成されることが重要であり、さらには発生した損害があれば賠償してもらえばよいのであって、施工者と監理者の間の責任の負担割合（どのような金銭割合で負担するのか）などは、むしろ二義的な問題となる点、すなわち建築主の側に立った視点にも受託者は十分留意する必要があろう。

　施工者、（工事）監理者はそのことをよく念頭において、適切な契約のもとに、それぞれの業務の履行において自らの責任や義務を真摯に果たすことが大切であることは言うまでもあるまい。

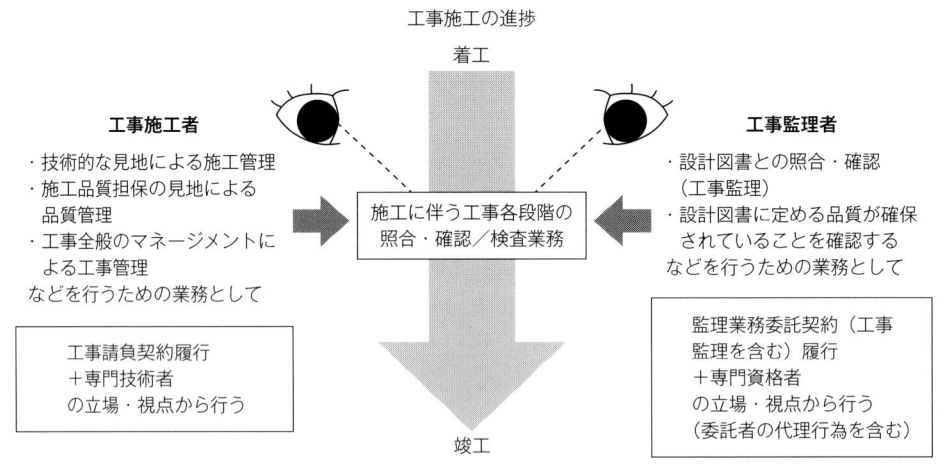

図 10.1　工事監理者（工事監理）と工事施工者（施工管理）の視点・立場の違い

参 考 文 献

(1) 大森文彦、建築士の法的責任と注意義務、新日本法規出版（2007）
(2) 大森文彦、新・建築家の法律学入門、大成出版社（2012）
(3) 大森文彦・後藤伸一・宿本尚吾 他、7つのステップでしっかり学ぶよくわかる建築の監理業務、大成出版社（2013）
(4) 日本建築士会連合会建築士業務責任検討部会 編著、建築士業務の紛争・保険・処分事例、大成出版社（2014）
(5) 日本建築士会連合会設計等業務調査検討部会 編著、建築士の業務—設計及び監理業務と告示第15号、大成出版社（2012）
(6) 天野禎藏・豊田鐵雄、知る・学ぶ・分かる建築監理の実務、大成出版社（2015）

第Ⅳ編
紛争とその解決に向けての行動

　建築の設計・監理業務は多くのリスクを内包しているため、望む、望まないにかかわらず誰にでも紛争に巻き込まれる可能性がある。本編では設計や監理業務を遂行した結果あるいは遂行過程で法的責任を問われたとき、その解決に向けて何を理解し、どのような行動をとればよいかを学ぶ。書面での契約や説明記録の重要性をぜひ理解してほしい。

11 紛争の解決

本章では、日本における建築紛争をはじめとする争いごとを法的に解決する方法等について、その基礎を学ぶ。裁判や裁判によらない紛争解決手段としてのADRについて解説し、設計・監理者に、訴えられたとき、訴えるときのルールをよく理解してもらうことで、できるだけ争いが回避されることを意図している。

*1　憲法第32条

ADR ➡ 2-1-1

*2　建設業法第25条

11-1　建築紛争の解決方法

紛争の法的な解決方法としては、裁判（訴訟における裁判所の判断である判決）以外にも、あっせん、調停、仲裁など紛争解決の最終決定権が当事者に委ねられている方法（ADR）がある。もしものときに備え、それぞれの解決方法の概要を理解しておくことが必要である。

11-1-1　紛争を解決するためのさまざまな方法

建築紛争に限らず、国民の間で争いごとがあった場合には、当事者同士が問題解決に向けて話し合いをして解決することが多い。しかしながら、さまざまな事情で話し合いがつかない場合、法律上の争い（国民の権利・義務に関する争い）に関しては、原則として裁判所で決着をつけるしかない。裁判所において裁判を受ける権利は、憲法で保障された国民の権利である[*1]。

ただ、裁判手続きは、民事訴訟法などによって厳格な手続きが定められている。したがって、訴訟法上の手続きにあまり縛られることなく柔軟な解決を図ろうとすると、裁判以外の解決方法が必要となる。こうした裁判以外による紛争解決手段はADRとよばれている。ADRは、近年注目されている紛争解決手段である。

建築関係としては、建設工事の請負契約に関する紛争におけるあっせん、調停、仲裁を行う「建設工事紛争審査会」[*2]や、住宅性能表示制度を利用した住宅や住宅瑕疵保険に加入している住宅をめぐる紛争におけるあっせん、調停、仲裁を行う各弁護士会の「住宅紛争審査会」などがある。

11-1-2　訴訟とあっせん・調停・仲裁の違い

あっせんと調停は、紛争を解決する内容（あっせん案や調停案など）について当事者が合意したときに初めて成立する。

あっせんは、第三者が当事者に互いの歩み寄りを勧めて解決を図るものである。

調停もあっせんと同じく当事者の歩み寄りを前提とするが、場合によっては、第三者（調停委員）が調停案を示すなどして解決を図ろうとするものである。詳しくは11-1-4項で説明する。

両者は、その基本的な性格において変わりはない。いずれにして

も、当事者双方の合意がない限り成立しないため、当事者の一方が受け入れなければ、紛争は解決されない。

　仲裁は、裁判所に代わって判断をするものであり、当事者は、その判断に従う義務がある。後述するように、裁判所の判断を仰ぐ場合、原則として3回の機会が与えられているが、仲裁の場合、1回の判断で拘束力が生じることに注意する必要がある。

　裁判においては、当事者の合意は不要であり、裁判所が白黒決着をつけ、国民はこれに従う義務がある。ただし、三審制であり、さまざまな制約はあるが、3回まで裁判所の判断を仰ぐ機会が与えられている。

　あっせんや調停は、当事者が納得しない限り成立しないため、紛争解決手段としては、かなり緩い制度であるが、当事者にとってメリットがないわけではない。第三者の意見を聞くことで解決の着地点を考えるきっかけにもなるし、場合によっては、訴訟における判決内容を予測する資料にもなりうる。また、訴訟になれば、弁護士費用を含め、費用も高額になりがちであり、かつ何と言っても時間がかかる。建築訴訟の解決には、平均して約2年を要している（2章参照）。こうしたことを考えると、裁判までしなくても、あっせん、調停または仲裁で決着をつけるという選択肢は十分ありうる。

表11.1　建築紛争の解決手段

解決手段			概要
当事者同士の話し合い			積極的に関係者と意思疎通を図り、問題点の明確化と共有をすることが問題解決の一歩となる。解決に向けて真摯に取り組み、誠意のある対応を心掛けて、関係者との信頼関係を修復することが重要である。
相談	建築相談等		建築士会、建築士事務所協会、建築家協会等の職能団体が消費者を対象に建築に関する各種相談に応じている。
	苦情の解決		建築士事務所協会は建築士法第27条の5に規定された建築主その他の関係者からの建築士事務所の業務に関する苦情の解決を行っている。
ADR	あっせん		当事者の同意のもと、第三者が和解を促す。当事者間の合意をもって成立。第三者として住宅関連では「住宅の品質確保の促進等に関する法律」にもとづき、弁護士、建築士等で構成された「住宅紛争審査会」が各弁護士会に設置されている。また、「建設業法」にもとづく「建設工事紛争審査会」もあるが、建設工事の請負契約にかかる紛争の処理機関であり、設計・監理は対象外である。
	調停	裁判所以外	
		裁判所	裁判所が調停委員を選任し、調停案を提示。調停案により和解した場合は同案は拘束力をもつ。
	仲裁		当事者間の合意により仲裁人が選任され、その仲裁人の判断により解決を図る。仲裁人を「建設工事紛争審査会」や「住宅紛争審査会」が行う場合もある。この判断は拘束力を伴い、不服申し立てはできない。
裁判	訴訟	民事事件	民事訴訟法にもとづく裁判。契約書、設計図書、施工図、打合せ記録等が重要な証拠となる。
		行政事件	行政事件訴訟法にもとづく裁判。建築基準法などにもとづく行政処分等に関する訴訟が多い。
		刑事事件	刑事訴訟法にもとづく裁判であり、犯罪者の処罰にかかわる訴訟を扱う。

11-1-3 訴訟について

　訴訟の内容は、さまざまであり、それぞれの内容に応じた手続きが定められている。建築に関する訴訟について言えば、国民同士の権利・義務に関する訴訟、すなわち民事事件が一般的である。この民事事件に関する裁判手続きを定めた法律が民事訴訟法である。このほかに公法上の規定に係る紛争では、建築基準法などにもとづく行政処分をめぐる紛争については行政事件訴訟法が、また犯罪者の処罰に関する訴訟、すなわち刑事事件に関しては刑事訴訟法が、それぞれ定められている。

　ここでは、建築紛争として一般的な民事訴訟について概観する。

(1) 弁論主義

　民事訴訟では、裁判所は、原則として、原告、被告または双方が主張する事実や提出した証拠の範囲を超えて判断することはできない。これを「弁論主義」といい、こうした考え方が民事訴訟の基本となっている。

　したがって、当事者が何をどう主張すべきかは、各当事者の責任において決めることになる。

(2) 立証と証拠

　訴訟では、当事者双方は、互いに主張した事実がそれぞれ（訴えた方も訴えられた方も）存在することを裁判官に信じてもらうためには、主張する事実が存在するという証拠を提出する必要がある。この証拠を提出する行為を「立証」という。訴訟において、ある事実が存在するかしないか不明な場合の不利益を誰に帰属させるかという問題、すなわち立証責任（証明責任）はきわめて重要であるが、この点は高度な専門的理解を要するので、ここでは詳しくは触れない。

　証明を要する事実の存否についての裁判所の判断試料を「証拠」というが、証拠には、証人、鑑定人、当事者本人、文書、検証物がある。建築紛争では、一般に以下のa～eのような文書が重要であると考えられる。

a. 契約書類

　一般的に、契約書類は取り決め事項が少ない簡便な書式が用いられる傾向にあるようだが、取り決めた事項が少ないということは、争いになった際の解決基準が少ないということを意味し、それは取りも直さず、訴訟において裁判所がどのように判断するか予見しにくいということを意味する。つまり、大勝ちする可能性も大負けする可能性もあり、リスクが大きいことを意味する。したがって、簡

便な書式を使う場合は、記載されていない事項に関する争いにおいて、訴えた方も訴えられた方も、必ずしも自分の主張が通るとは限らないということをよく理解すべきである。こうしたことを理解した上でならともかく、こうしたことを理解せず、ただ単に面倒臭いとか、営業面で楽であるなどという理由から簡便な書式を用いることはすべきではない。

したがって、本来、契約書にはできる限り具体的な取り決め内容を記載する必要があるが、契約ごとに当事者同士でこれを決めるのは難しい。建築設計・監理の業務委託契約であれば、たとえば四会連合協定版建築設計・監理等業務委託契約約款、工事請負契約であれば民間（旧四会）連合協定工事請負契約約款などを購入して用いることができる。

> 四会連合協定版建築設計・監理等業務委託契約約款 ➡ 10-2-2
> 民間（旧四会）連合協定工事請負契約約款 ➡ 4-3-5

とくに建築設計、工事監理の業務委託契約については、2014（平成26）年の建築士法改正により、300 m^2 を超える新築の建築物では、書面（契約書）による契約締結が法律で義務づけられているので、注意が必要である。

> 書面による契約 ➡ 5-2-2

b. 設計図書

設計図書は、設計業務の受託者にとっては、設計業務の成果そのものであり、建築主や工事施工者にとっては、建築工事の請負契約の内容そのもの、また監理業務の受託者にとっては、監理業務の基準そのものであることから、建築生産においてもっとも重要である。

c. 施工図

実際の工事は、建築物の種類や機能にもよるが、設計図書と施工図によって実施されることから、工事施工者が作成する施工図も紛争解決の決め手になる場合がある。

d. 打合せ記録

建築訴訟では、設計業務や工事施工中のさまざまなやりとり等を記録した打合せ記録が、いわゆる「言った、言わない」の争いにおける決め手となる場合があり、重要な意味をもつことも多い。したがって、できるだけ正確に打合せの内容（たとえば日時、場所、出席者、取り決め・承認・合意・連絡事項等）を記録した打合せ記録を作成し、時系列に従って当該記録を保持することは、訴訟のみならず、無用な争いを回避する意味でも必要である。

e. 工事写真・ビデオ・検査記録

建築工事は、ある部分の工事が終了すると、その部分が次に施される仕上げ工事などによって見えなくなってしまう、いわゆる「隠蔽部分」が多いことも特徴の一つである。隠蔽されたことによって目視できない部分等にかかわる主張については、工事写真・ビデオ（動画類）・検査記録などが、施工結果や監理業務の正当性を裏づける証拠になる場合も多い。

11-1-4 訴訟によらない紛争解決方法について

これまで述べてきたように訴訟の仕組みには、厳格な手続きが必要であり、かつ解決にはかなりの時間や費用を要する場合が多い。そこで裁判外の（訴訟によらない）代替的紛争解決手続きとして、ADR（Alternative Dispute Resolution）の仕組みがある。ADRはADR法［2007（平成19）年施行］によって規定されている。

ADR法 ➡ 2-1-1

ADR機関による審理では、申し立てをした当事者は「申請人」、申し立てられた当事者は「被申請人」とよばれ、訴訟と同様に双方が代理人（弁護士）を立てて審理をする場合が一般的である。

ADRの調停の場合は、仮に不調となれば、紛争は解決されないことになるので、結局、訴訟を提起して最終解決を目指すことになる。

ADRは、当初から当事者を交えた話し合いによって早期解決を目指す方法によるため、比較的建築紛争に向いていると思われる。なお、ADRの審議は非公開である。

ADRとしては、裁判所による調停と裁判所以外の機関によるあっせん、調停、仲裁がある。

(1) 裁判所の調停

裁判所による調停は、同じ裁判所で行われるが、訴訟とはまったく別の仕組みである。調停は、訴訟の前が多いが、訴訟の最中でも移行して行われることがある。

訴訟は、裁判所の判断が「判決」という形で示され、当事者はその判決内容に拘束されるが、調停の場合は、双方が調停案に納得した場合にのみ、この調停案に拘束されることになる。当事者のどちらか一方でも調停案に納得しなければ、この調停案に従う必要がないことから、結果的に調停は「不調」に終わり、紛争は解決しないので、結局訴訟による解決が必要となる。

建築事件の調停では、専門的知見が必要とされるため、建築士などの専門家が調停委員になることが多い。

(2) 裁判所以外の機関による調停

現在、裁判所以外の機関として建築関係では「建設工事紛争審査会」や「住宅紛争審査会」などがある。

「建設工事紛争審査会」は、建設業法にもとづいて設置された建設工事の請負契約に関する紛争の処理機関で、調停委員3名（多くの場合、建築の専門家、弁護士、建設行政経験者等によって構成される）によるあっせん、調停、また当事者双方の合意があれば仲裁も行うが、取り扱うのは建設工事請負契約に関する紛争解決のみで

あり、たとえば設計・監理業務に関する紛争処理などは対象外である点に注意が必要である。

また、「住宅紛争審査会」は、住宅の品質確保の促進等に関する法律にもとづいて国土交通大臣が指定した弁護士会に設けられた紛争処理機関で、一定の住宅（建設住宅性能評価書が交付された住宅および住宅瑕疵担保責任保険が付されている住宅）のトラブルに関するあっせん・調停・仲裁を行っている。この機関では弁護士や建築士が紛争処理を担当する。

(3) 裁判所以外の機関の仲裁

訴訟や調停の他に仲裁という紛争解決方法がある。仲裁は、紛争当事者の合意（仲裁契約）によって仲裁人とよばれる第三者を選び、その仲裁人の判断によって紛争の解決を図る。仲裁人の判断（これを「仲裁判断」または「仲裁裁定」と言う。）は、訴訟における判決が確定した場合と同じ効力がある。したがって、仲裁人の判断には拘束力があり、調停と異なり、当事者には、「判断に従わない」という選択肢はないことになる。

また「判断に従う」という意味では、仲裁は訴訟に近い。しかし訴訟では、判決に不服があれば上級裁判所に2回まで申し立てできる三審制が採用されているが、仲裁は、判断に不服があってもどこにも申し立てできないこと（事実上の一審制）に注意が必要である。

11-2 訴えられたとき・訴えるとき

建築設計は建築にかかわる専門知識が必要であることと同様に、法律の知識も必要である。もしも訴えられることや訴えることがあったときのために、その対応をあらかじめ知っておくことや、できるだけ早く弁護士に相談することが重要である。

11-2-1 設計・監理者が訴えられたとき

(1) 設計・監理者が訴えられる紛争の類型

設計業務や監理業務の受託者である建築士事務所（法人の場合と個人の場合がある）や設計・監理業務を実際に行う個人が訴えられる紛争の類型としては、大別して契約型と不法行為型がある。

契約型は、契約内容どおりに業務をしなかったために、依頼者に生じた損害について、依頼者が損害賠償を請求するものである。

不法行為型は、契約関係にあるないを問わず、設計業務や監理業務における注意義務を怠った結果、他人に生じた損害について、当該他人が賠償を請求するものである。

訴えられたときは、できるだけ早く法律専門家である弁護士に相談することが望ましい。参考のため(2)〜(4)で訴えられた際の流れなどを説明する。

(2) 訴状

訴えられると、裁判所から「訴状」が送られてくる。訴状には、事件番号、原告名、被告名、請求の趣旨、請求の原因などが記載されている訴状の雛形を図11.1に示す。

a. 原告と被告

訴える方を「原告」といい、訴えられる方を「被告」という。訴えられているのが、自分であるかどうかを確認する必要がある。なお、被告として「A株式会社代表取締役B」とある場合、訴えられたのは「A株式会社」であってB個人ではない。

b. 請求の趣旨

請求の趣旨には、原告が裁判所に対して判断を求める内容を記載する。たとえば、設計ミスによって生じた外壁の瑕疵の修理代に100万円かかるので、その100万円を支払ってもらいたいとして訴えを提起する場合、請求の趣旨には、一般的に「被告は、原告に対し、金100万円及び本訴状送達の日から支払済みに至るまで年5％の割合による金員を支払え、との判決を求める。」「訴訟費用は被告の負担とする。」などと記載することになる。

c. 請求の原因

請求の原因は、原告の請求を法的に成り立たせるために必要な事

訴　　状

平成○年○月○日

東京地方裁判所民事部　御中

原告訴訟代理人弁護士　○ ○ ○ ○

〒○○○－○○○○　東京都○区○○丁目○番○号
原　　告　○○○○株式会社
同代表者代表取締役　○ ○ ○ ○

〒１０２－００８５　東京都○○田区○○○○○○
上記訴訟代理人弁護士　○ ○ ○ ○
電　話　○○－○○○○－○○○○
ＦＡＸ　○○－○○○○－○○○○

〒○○○－○○○○　東京都○区○○丁目○番○号
被　　告　○○○○設株式会社
同代表者代表取締役　○ ○ ○ ○

○○○○請求事件
訴訟物の価額　○万円
貼用印紙額　○円

第１　請求の趣旨
１．被告は，原告に対し，金○円及び平成○年○月○日から支払済みに至るまで年○％の割合による金員を支払え。
２．訴訟費用は、被告の負担とする。
との判決並びに仮執行の宣言を求める。

第２　請求の原因
１．当事者
（１）原告は、・・・・・を目的とする株式会社である（甲○）。
（２）被告は、・・・・・を目的とする株式会社である（甲○）。

２．・・・・・

証　拠　方　法
証拠説明書記載のとおり

附　属　書　類

1	訴状副本	○通
2	甲号証写し	各○通
3	訴訟委任状	○通
4	証拠説明書	○通
5	商業登記簿謄本	○通
6	上申書	○通

以上

図 11.1　訴状の雛形

実である。この請求原因は、訴えが認められるか否かを決めるもっとも重要な記載となるが、理解するためにはかなり専門的知識を要するため、ここではこれ以上の説明を省略する。

d. 管轄する裁判所

事件は、裁判所法や民事訴訟法により扱う裁判所が決まっている。たとえば、140 万円以下の請求に係る事件について管轄を有する裁判所は、簡易裁判所であり、140 万円を超える請求に係る事件について管轄を有する裁判所は地方裁判所である。

裁判所は、最高裁判所、高等裁判所、地方裁判所、家庭裁判所、簡易裁判所の５種類がある。最高裁判所は東京にのみ存在する。高等裁判所は札幌、仙台、東京、名古屋、大阪、広島、福岡、高松に、地方裁判所と家庭裁判所は各都道府県庁所在地などに、簡易裁判所は全国の主要・中小都市にある。

なお、建築事件を専門的に取り扱う建築専門部を有する地方裁判所は、東京、大阪にある。

(3) 訴訟の類型

a. 通常訴訟

たとえば、代金の支払い、貸金の返還、不動産の明渡し、人身損害に対する損害賠償を求める訴えなど個人の間の法的な紛争、主

として財産権に関する紛争の解決を求める訴訟である。この類型の訴訟は「通常訴訟」とよばれ、民事訴訟法に従って審理が行われる。

b. その他

その他の類型としては、判決を早期に言い渡すことができるようにするための工夫がされている「手形小切手訴訟」、60万円以下の金銭の支払いを求める訴訟を簡易迅速な手続きで行う「少額訴訟」、離婚や認知の訴えなどの家族関係についての紛争に関する「人事訴訟」や、公権力の行使に当たる行政庁の行為の取消しなどを求める「行政訴訟」がある。

(4) 裁判

a. 弁護士の選任

➡ 図2.1

訴訟において原告または被告の代理人の資格は、原則として弁護士に限られる。しかし、弁護士を選任せず本人が自ら訴訟することも、当然認められている。これを「本人訴訟」とよんでいる。ただ、建築訴訟は、専門的知見を要する訴訟であり、その対応はきわめて難しいため、弁護士に依頼することが望ましい。

b. 口頭弁論期日

第1回目の口頭弁論では期日が指定され、原則として出頭しなければならない。もし正当な理由なく出頭しないと、欠席判決によって敗訴する危険性があるが、第1回目に限り、後にdで述べる擬制陳述が認められる。第2回目以降は、決められた期日に出頭する必要がある。

c. 被告からの認否と反論

〈認否について〉

訴えられた場合、原告が「請求の原因」で主張する事実に対して、「答弁書」において認否しなければならない。その事実はないと争う場合を「否認」という。その事実については知らないと述べる場合を「不知」という。その事実を認めると述べることを「認める」、すなわち「自白」という。法的主張について争う場合を「争う」という。

〈反論について〉

「認否」または「争う」場合には、単に認否するだけではなく、被告として、反論する必要がある。

d. 擬制陳述

第1回目の期日は、被告の都合と関係なく決められるため、被告としては、都合で出頭できないことがある。その場合、被告が答弁書等を提出していれば、期日に出頭しなくても、裁判所は、被告が提出した答弁書その他の「準備書面」に記載した事項を陳述したも

のとみなすことできる制度がある。これを「擬制陳述」という。

e. その後の進行
被告が反論したことに対し、原告からの反論、被告からの再反論等を繰り返すことで進行していく。

(5) 判決に至るまでの諸行為
争点が明らかになり、双方の主張が出し尽くされた後、原告や被告の主張する事実が存在するか否かを証拠によって証明する証拠調べに入る。証拠としては、すでに述べたように、証人、鑑定人、当事者本人、文書、検証物がある。建築訴訟では文書の重要度が高いが、鑑定人も多用されている。

a. 証人尋問
「証人」は、自ら認識した過去の事実を法廷にて陳述する。証人に対する証拠調べの方法が「証人尋問」とよばれ、さまざまなルールがある。証言内容は調書として文書化され、証拠となる。

b. 本人尋問
訴訟当事者本人が、自ら認識した事実を法廷にて陳述する。陳述内容は文書化され、証拠となる。本人尋問にもさまざまなルールがある。

c. 和解勧告
訴訟の係属中に、裁判所から、両当事者がそれぞれの主張を譲歩した上で、紛争を解決する合意をしないか勧められることがある。もし和解が成立すれば、和解調書が作成される。和解調書は、確定判決（判決が最終的に確定したもの）と同一の効力を有する。和解に至らず最後まで争う場合は、判決となる。

d. 判決
裁判所は、訴訟が裁判をするのに熟したときは、判決をする。判決書の送達を受けた当事者は、一定期間内に上訴申立をしないとその判決は確定し、争うことができなくなる。

11-2-2 設計・監理者が訴えるとき
(1) 設計・監理者が訴える紛争の類型
訴えられる場合と同様に、設計・監理者が訴える場合の類型は、大別して契約型と不法行為型がある。

契約型の場合、契約内容どおりの業務を行ったのに報酬が支払われていないため、報酬を支払えというものが多い。

不法行為型の場合、設計・監理者と直接契約関係にない施工者が違法行為をしたため、設計・監理者に生じた損害の賠償請求などが考えられるが、設計・監理者が訴える紛争の多くは契約型であろう。

(2) 訴えるときのポイント

　誰を訴えたらよいか、いくら支払えと請求するのか、請求の原因となる事実として何を記載すべきか、請求権が時効によって消滅していないかなど時効の問題や、訴え出る裁判所はどこにすればよいのか（たとえば、原告の所在地の裁判所か、被告の所在地の裁判所か、それとも問題となっている建築物の所在地の裁判所かなど）といった管轄裁判所の問題などについては、専門的知識が必要になるため、法律の専門家である弁護士に相談することが望ましい。

参 考 文 献
(1) 大森文彦、建築士の法的責任と注意義務、新日本法規出版（2007）
(2) 大森文彦、新・建築家の法律学入門、大成出版社（2012）
(3) 大森文彦・後藤伸一・宿本尚吾 他、7つのステップでしっかり学ぶよくわかる建築の監理業務、大成出版社（2013）

12 紛争解決のパートナー

12-1 弁護士選定の心構え

> 紛争解決にあたっては弁護士に建築の専門性が求められることになるので、弁護士の選定には注意が必要である。現状では弁護士の専門性が明示されていることは少なく、弁護士へのアクセスの仕方も多岐に渡るため、自分のパートナーとしての弁護士を選定する際は、相性も含め慎重に選ぶ必要がある。

　相談する弁護士は誰でもよいわけではない。日本の弁護士登録者数は2014年11月1日現在34,961人で、法律事務所数は計13,500程度存在する。個人事務所も多く、それぞれで得意とする領域が異なる。裁判所でも建築関連の専門部を設けている地方裁判所は2か所（東京・大阪）しかない。また法律事務所はその専門性を多く明示しておらず、専門性を伝達するシステムも少ない。近年、弁護士もその専門性を明示することが求められ、とくに建築専門弁護士の認定を求める消費者の声もあがってきている。

　さて、多くの弁護士の中から建築の高度な専門性を有する弁護士に相談することが重要であるが、彼らにアクセスするのはなかなか容易ではない。知人、親戚という個人的なつながりからアプローチするのも一つの方法ではあるが、十分な経験をもつ優れた弁護士を探し当てるためには建築設計者の選定と同様に、さまざまな媒体を使って情報を得るなど、適切な弁護士を選定する努力が必要である。

　建築紛争の争点は建築の技術的な事項や当事者間の契約内容に集約されることが多いため、建築紛争の仕組みを知っており、戦略的な考察ができる弁護士であることが選定において重要な要素の一つとなる。さらには、建築の専門的・技術的な事項を紛争の争点として細かく丁寧に労を惜しまず理解・探求し、助言してくれるかどうかを判断しなくてはいけない。そして何より重要なのは自分との相性が良く、円滑なコミュニケーションが図れる弁護士を選ぶことであり、このためには複数の弁護士に面会するなどして積極的に探さなければならない。一つの選択肢として、設計にかかわる職能団体の相談会等に積極的にかかわる弁護士なども候補者としてあげられる。構造設計者や設備設計者と同様に弁護士を自分のパートナーとして認識し、十分に慎重に考えて選ぶ必要がある。

12-2 鑑定について

紛争では自らの正当性を証明するために専門的な鑑定が必要となる場合がある。私的鑑定を原告・被告それぞれが出して争う場合と、裁判所に鑑定を申し立てる場合がある。いずれにせよ、自分の主張を適切に伝えるために私的鑑定を依頼できる専門家を知人としておくことが不可欠である。

12-2-1 私的鑑定について

設計・監理した建築物の設計内容や施工に問題があると指摘されて損害賠償を請求される場合等、設計・監理業務の正当性を裏づけをもって主張するために、第三者の専門家に私的鑑定を依頼し、裁判所への提出が必要な場合がある[*1]。原告・被告ともにそれぞれの私的鑑定を出して争うこともあり、鑑定内容によっては解決に多くの時間がかかる。弁護士と相談の上、適切な専門家に私的鑑定を依頼することが重要になってくる。

なお、日本建築学会司法支援建築会議では、裁判所の要請に応じて、鑑定や調停に適切な専門性を有する司法支援建築会議会員を推薦するなどの裁判所の支援を行っている。そのため、学会では裁判所の中立性を保つために、司法支援建築会議会員が私的鑑定の依頼を受けることを原則禁じている。なぜなら、私的鑑定は裁判において重要な事実検証でありながら、同時に原告あるいは被告の利益を守る観点から正当性を主張するものだからである。いずれにせよ、司法支援建築会議会員以外の専門家に依頼する必要があり、建築を専門とする者にとっても不慣れな作業を相談、依頼できるような人間関係を日常的に構築することが重要であるといえる。これは、さまざまな専門家と日頃から交流、議論することにより、ひいては建築設計という多くの技術的側面をもった仕事に対して真摯に対峙するということも意味している。

12-2-2 裁判所の鑑定について

裁判所が原告・被告の了解をとり、第三者の専門家に鑑定を依頼する場合がある。前述の私的鑑定とは違い、中立の立場から鑑定されることが前提である。この場合、鑑定の費用は原告・被告両者の合意により折半することが一般的である。それぞれが私的鑑定を出して争うよりも中立的とみなされ、調停や裁判が円滑に行われる場合がある。私的鑑定も同様だが、争点に関する深い理解と知識のある鑑定人でないと適切な鑑定が出せず、かえって裁判を長期化させる可能性もある。よって、裁判の迅速化を図る上でも適切な専門性を有する鑑定人の選定が裁判所の重要な役割であると言える。

[*1] 私的鑑定書は、「意見書」の形で提出されることが一般的である。

12-3 弁護士との協力関係

建築紛争では戦略的な対応が重要である。立証の根拠となる資料や知識が建築の専門的領域である以上、パートナーである弁護士とともに設計者自らが行動すべきである。

12-3-1 訴訟について

　パートナーとしての弁護士とは日頃から連絡の取り合える関係が望ましい。契約や業務の中で生ずるさまざまな疑問や問題を速やかに相談できる弁護士との協力関係は、円滑な業務遂行のためにも有効であり、紛争の当事者となった場合は尚更である。建築紛争は建築の技術的な事項が争点となる場合が多く、仕様書や図面、議事録等がその根拠となり、立証するための重要資料となる。弁護士にこれらの関係資料をすべて提供することはもちろんであるが、紛争に関係する建築の専門的な知識に限らず、各当事者の情報やその周辺情報についても共有して、まずは自らの主張や状況を理解してもらう必要がある。これらの情報をもとに、紛争の争点に対して設計者自らが弁護士とともに戦略的に対応していくことが重要である。

　大事なことは、建築紛争は弁護士に丸投げするものではないと理解することである。パートナーとして働いてもらい、設計者自らが懸命に考え、行動すべきであることを十分に認識する必要がある。

12-3-2 ADR について

　アメリカの建築紛争の解決方法を鑑みても、今後、建築紛争はADRでの解決を促していくことが重要になる。建築紛争に特化した裁判所の建築専門部は相応の成果を上げていると言えるが、裁判官の人数からも迅速な対応は限界にきていると言え、民間ADR機関を増やすことが国家的な課題でもある。現在は行政型ADRとして、国や各都道府県の建設工事紛争審査会などがある。もちろん、各種の建築職能団体や学術団体でも相談機関が設置され、多くの相談業務がなされている。このような機関では初期の相談が有効であり、相談を通じて何らかの解決に至るケースも少なくない。弁護士会によるADR機関の場合、和解のあっせんが多く、仲裁はきわめて少ないと言われている。専門的知識の少ない消費者を保護する観点から、あっせんの場合は設計者側に明らかな非がなくても金銭の支払いを迫られるような不利な和解案が示される可能性が高いと言える。

　将来的には、建築職能団体が弁護士会と共同して民間ADRを組織し、多くの建築紛争が扱われることが必要になるだろう。このような場においても、正当な主張を行うために、身近な相談者として弁護士と協力関係を結ぶことはきわめて重要である。

建設工事紛争審査会 ➡ 11-1-4

13 紛争の事例とそこから学ぶこと

13-1 テーマ別に見る紛争事例

実際の紛争事例から得られる教訓は多い。ここでは、実際にあった紛争事例を参考に、いかにして紛争を回避するかについて日常的に注意すべき留意点を学ぶ。このようなことが起こりうる（起こりえた）かも知れないという認識をもって業務を進める必要がある。

13-1-1　契約と報酬にかかわる事例

設計者自身が契約の締結を言い出すタイミングを失ったり、建築主がなかなか契約に応じてくれないなど、契約締結と報酬支払いをめぐる紛争は非常に多い。こういった紛争になるケースのおよそ半数で契約内容を示す文書と言われている。書面での契約は報酬支払いを確実にするための第一歩と考えるべきである。

事例1　基本設計とボリュームチェックの境界

設計者がある企業の敷地の売却情報を得て、その敷地にマンション建設の企画を立て、複数の開発事業者にもち込み敷地の買収を勧めた。その結果、ある開発事業者の賛同を得ることに成功し、継続して基本設計を行うこととなった。設計者は、複数の基本設計案を提示し、この間に設計・監理委託契約締結の申し出を行ったが、事業者側は契約条件、とくに報酬額について納得できないとして、契約締結に応じなかった。その後、諸事情により計画が中止となったため、設計者はそれまでの作業に対する業務報酬を請求したところ、事業者は営業行為としてのボリュームチェックだと主張してこれを拒否、その結果、設計者が開発事業者を相手取り訴訟を提起した。

裁判において問題となったのは、設計者の行った作業が、報酬を算定する上で基本設計業務として評価できるかどうかであった。裁判では、提示された複数の基本設計案の図面はどれもまだ案であり、最終案が明確にされていない状態であったため、基本設計図として業務報酬基準の告示に示される標準業務の成果品との照合ができず、基本設計が完了したとは言えない、との判断になった。さらに告示では、基本設計業務の完了には建築主に対する説明と承認が必要であるが、これが行われないまま業務が中断した状態にあるとされ、完了とは認定されなかった。しかしながら、設計者がそれなり

（設計者）企画・基本設計料を請求
×
（建築主（開発事業者））営業設計の範囲として支払い拒否

に時間と労力を費やして業務に当たったことは間違いないとされ、実働時間や経費の積み上げによって算出された業務報酬を設計者が提示し、これを裁判所の専門委員が検証することになった。

　ここでまた一つ問題となったのは、当該開発事業者からの次のような主張であった。すなわち、これらの業務のうち、設計者が設計業務の受注を目指して、その敷地の事業計画について調査検討を行い、建築企画案を作成した業務は、いわゆるボリュームチェックとよばれる無償の営業活動の一環とされることがあるため、積み上げで業務報酬を算定するにしても、基本設計の業務報酬から除くべきというものであった。これについて裁判所は、その部分の作業はプロジェクトマネージメント業務（PM 業務）の一環、つまり設計者が主張する基本設計業務ではなく、それ以前の業務の一種との見解を示した。

PM 業務 ➡ 5-2-3

➡ 4 章
➡ 5 章
➡ 6 章

> **事例のポイント**
> 　この事例では、契約のタイミングの問題と、告示が示す報酬の対象となる業務の範囲の問題、という二つの示唆が得られる。仕事として成立させるための努力は重要であるが、どこまでは無償（営業行為）であり、どこからは有償となるかを、提案を作成する段階で相手に示す必要があった。
> 　設計・監理契約は、対象となる建築物の種類や規模などが明らかにならないと締結しにくいという側面が指摘されるが、この事例のような PM 業務の位置づけを理解した上で、設計業務の契約に先行して、企画調査や基本計画の業務での契約を行うべきである。

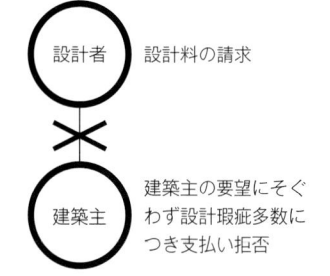

事例 2　信頼関係の喪失と契約解除

　個人住宅は、建築の中でもとくに建築主の思い入れが強いことが多い。この事例では、当初こそ信頼関係のもとで、設計・監理契約が締結され設計が進められていたが、インターネット等で得た情報をもとに設計者に対して不合理な要求がされるようになり、両者の信頼関係が崩れていく。

　設計者は幾度もの設計のやり直し要求に応じて実施設計までまとめる努力をしたが、建築主の度重なる変更要求に対して徐々に辟易しつつ業務を行うようになっていった。それを見透かすように、建築主は不信感を募らせていき、第三者の建築士事務所にセカンドオピニオンを求めてその結果をもとにした設計の変更や、果ては構造設計者の更迭まで要求し、実施設計業務の完了を認めなかった。設計者は、信頼関係が失われたと判断し、契約の解除を申し出て、そ

設計者　設計料の請求
建築主　建築主の要望にそぐわず設計瑕疵多数につき支払い拒否

セカンドオピニオン：専門的な診断・判断が必要な場合に、より良い判断のために当事者以外の第三者の専門家に意見を聞くこと。医療の分野から広まった概念。

れまでの業務報酬と設計変更などでかかった費用をあわせて請求、建築主はそれを拒否し訴訟となった。

裁判所は、実施設計業務の完了といくつかの追加変更業務を認め、建築主はその費用を支払うべきとした。設計者は、設計・監理契約上の実施設計までの業務報酬は得られたが、追加変更業務で実際にかかった業務報酬までは得ることはできなかった。一方で建築主は、他の設計者に設計を依頼し直して、二重の設計料の支払いをすることになり、双方ともかなりの出費を強いられることとなった。

> **事例のポイント**
> 建築主と設計者の信頼関係が失われた場合、無駄な業務や費用の発生を避け、ひいては無用な紛争を避けるためにも契約の破棄など早期の決断が必要なこともある。そのタイミングを見極めることは実際には難しいものであるが、雲行きが怪しくなった時点で話し合いを尽くす努力も必要である。建築は建築主と設計者の協同作業であり、両者の信頼関係があってはじめて成立することを忘れてはならない。

事例3　工事費の変動と契約破棄

建築主は小規模な集合住宅の事業計画を立て、ある建築士事務所に設計を依頼した。建築主は総予算を提示して、設計者に収支の取れる計画を求めた。設計者はその求めに応じ、当時の実勢コストで計画を立てたが、その当時は供給過多・過当競争によって建設費が比較的安かった時期であった。十分採算が取れると判断した建築主はその設計者と設計・監理契約を結び、設計者は着手金を受領して基本設計を開始した。

設計者は、自治体が要求する事前協議のために想定外の時間がかかりつつも、一応基本設計を終了し、基本設計終了時の報酬を請求して支払いを受けた。そして実施設計に着手するが、かねてより兆のあった建設費の大きな変動の時期に当たり、実施設計の大筋完了時点で数社からの概算工事費を相見積もりを徴集したところ、どこもかなりの予算オーバーでの提示となる事態となった。その結果を不満とする建築主が設計・監理契約を破棄し、それまで支払った設計料の返還を求めたが、設計者はそれに応じず訴訟となった。これに対し設計者も、契約書で謳われている「契約者双方の責に帰すことが出来ない事由」を盾に反訴して、双方で争うことになった。

裁判では、工事費の高騰は設計開始の時点では予測できなかったとし、設計者の主張を認める形となった。しかし一方で、行政との事前協議などで時間がかかり、基本設計の完了が契約から大幅に遅

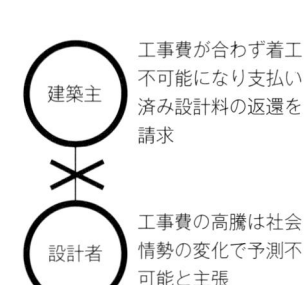

建築主 ○
工事費が合わず着工不可能になり支払い済み設計料の返還を請求

×

設計者 ○
工事費の高騰は社会情勢の変化で予測不可能と主張

過当競争：行き過ぎた競争のこと。同種のサービスの集中による価格競争や顧客の奪い合いなどで、結果的に全体が疲弊し質の低下が起きると言われている。

事前協議 ➡ 8-2

れていたことを問題視した。すなわち、その期日の間に工事費の高騰は始まっていたにもかかわらず、基本設計標準業務でもある概算工事費の検討・説明を行わず実施設計を進めたのは、基本設計業務を未了のまま実施設計業務に移行していることになり、実施設計業務とはみなされず、実施設計の業務費については認められないとした。その他に基本的な設計ミスも判明し、裁判は、設計者は建築主が支払った設計報酬の1/2を返却せよという判決となった。

概算工事費：詳細な設計図が作成される前に、事業予算の妥当性・実現性等を確認するために大まかな単価や経験値を用いて導出される工事費。

➡ 4章
➡ 8章

> **事例のポイント**
>
> 概算工事費の検討は、告示15号による基本設計段階の標準業務である。各段階での業務内容を正確に把握して設計作業を進めないと、紛争に至った場合にそれが致命傷となるリスクがあることを認識すべきである。
>
> 他方、建築主と設計条件を詰める際に、とくにマンションなどの収益事業では融資を受ける個人事業主の場合、予算に余裕がないことが多く、工事費の扱いには注意が必要である。社会情勢によって工事費が不安定な状況下にあるときはもちろんであるが、随時予算の見直しを行い、建築主と情報を共有しながら設計を進めていく必要がある。

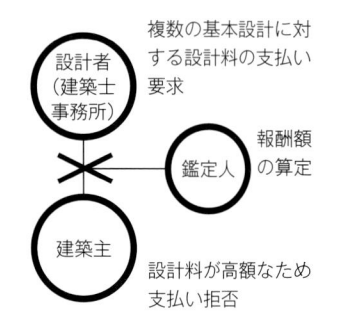

事例4　設計料の適切性の鑑定

建築主が、ある建築士事務所の提案した設計案を気に入り、その建築士事務所に設計を依頼することとなった。この段階でその建築士事務所は契約の締結を求めたのだが、建築主はそれには応じる姿勢を示さなかった。多忙な代表者とだけの打合せを求める建築主は、担当スタッフとの打合せを拒み、設計が遅々としてまとまらず、最初の基本設計案をまとめるだけで10か月を要することとなった。

さらに、建築主自身で海外の同種の建築の視察に赴き、そのたびに新たな構想を思いついて案の変更を求めるという状態で、建築士事務所は、設計がなかなか煮詰まらないままその都度何案もの基本設計案をまとめさせられることとなった。さらにそれまでの条件にはなかった免震構造の導入を新たに要求され、やむなく別案で対応したものの、その基本設計案についての承認が得られないまま、しばらくして、当該設計がどうしても受け入れられないとして、設計業務の停止を文書で通知されてしまう。建築士事務所は、それまでの複数案をあわせた業務報酬の請求に踏み切ったが、提示された額が膨大であると建築主が受け入れなかったため、訴訟となった。

裁判所は、適切な設計料を特定するために鑑定人を選定した。鑑定人は、業務が行われた当時の建設省告示1206号を根拠に設計料

鑑定 ➡ 12-2

積み上げ方法：その業務に対して実際にかかった時間や経費を積算して妥当な報酬を算出すること。事前に算出できないので、後払いが原則となる。

略算方法 ➡ 6-2-2

の算出を行うことで、両者の了解を求めたが、建築士事務所は幾案もの基本設計を行ったとしてあくまで直接人件費の積み上げによる算定を主張、建築主は設計図書の完成度をもって鑑定するよう要求し真っ向から対立した。そこで、告示1206号の積み上げ方法と略算方法による、二通りの設計業務報酬の算出を行うこととなった。

積み上げ方法では、各案の打合せ時に提出されたすべての図書の作成者が、それぞれの立場でいつ、何時間、どのような仕事をしたかにつき、作業日報を時系列で調査し、その結果を提出された図面と照合して適切な作業時間を求め、作業した技術者の職種の業務単価により、直接人件費を算出した。

一方、略算方法では、建物用途と工事費によって直接人件費が算出されるが、このプロジェクトでは総床面積も各案ごとに大きく異なり、工事予算も確定されていなかった。そこで、設計契約書に提示された工事単価と最終案の床面積をかけ合わせ工事費を設定、これをもとに直接人件費を算出し、最終的には告示で要求される成果品に照らして設計図書の完成度を勘案し、業務報酬を算定した。その結果、積み上げ方法と略算方法とで大きな違いは生じなかったが、この鑑定内容をもとに裁判所は独自に判断した業務報酬額を提示した。

➡ 4章
➡ 5章
➡ 6章

> **事例のポイント**
>
> 業務報酬額の適切性を鑑定した結果、人件費の積み上げ方法と、告示に示す略算方法にあまり差が出なかったということであるが、一義的には建築士事務所の労力が正当に評価されたと見ることができる一方で、それだけ無駄な費用を建築主に負担させたと見ることもできる。適切な段階を踏み、適切に契約を履行することこそが、双方の利益になる。
>
> また、建築主の状況を理解しつつ、建築物の機能や敷地の状況など諸条件に適応する複数の計画案を同時に検討しながら、各案の特徴を建築主に説明し、建築主の要望に沿う案に絞り込んでいくという手順を踏みつつ基本設計を進めることが紛争のリスクを減らすことにつながる。

13-1-2 設計業務にかかわる事例

建築設計者に対する世の中一般のイメージには、「作品をつくられてしまう」という意識があることを忘れてはならない。設計内容が依頼されていることから外れると責任を問われる場合がある。

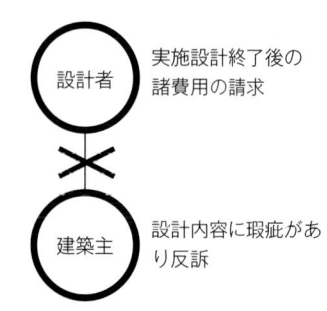

事例5　設計者の自己主張とそのリスク

ある法人の新築案件で設計者を選定するにあたり、プロポーザルが実施され、複数のプロポーザル案の中から1者が選ばれて、業務を進めることとなった。このような選定方式を採択する建築主は大きな組織である場合が多く意志決定に関与する人間も複数存在することが多い。この事例でもそうであった。

受託した設計者は、プロポーザルで提案した計画案が建設担当部門との協議で基本的に承認されたものと理解して設計・監理契約を締結し設計を進めた。ところがその案を全否定する役員が現れ、その意見が役員会の決定事項となった。設計者は思い入れのある案を否定され、建設担当部門との協議も反故にされたとして設計業務を一時停止するという行為に出た。その後、設計者はその行為を反省し、建築主に謝罪して業務を継続し実施設計を完了させたが、両者の信頼関係は完全には回復できず、監理契約の破棄という結果となる。設計者は実施設計終了後の近隣説明にかかった費用や、工事請負契約の準備その他の費用を要求するが、建築主は設計内容に瑕疵があるとして反訴し、損害賠償を請求した。

設計者：実施設計終了後の諸費用の請求
建築主：設計内容に瑕疵があり反訴

プロポーザル：設計業務に対する体制やプロジェクトに対する考え方等を含めた提案書をもとに「設計者」を選定する方式。「設計案」を選ぶコンペ方式とは違うことに注意したい。

事例のポイント

設計者選定の方式が正しく運用されていないために起こる誤解が、この事例の本質的な原因と言える。コンペ方式と異なり具体的な提案を求めず、あくまで設計者の「人」を選ぶという建前は、現在行われているプロポーザル方式では残念ながら徹底されているとは言ない。結局、具体的な提案を行っているものが選ばれることが多く、提案者である設計者は、その提案の主張が理解され了承されていると誤解することもある。設計者は、人が選ばれたのか、提案が採用されたのかを十分に確認する必要がある。プロポーザルの場合、設計条件などが詳細に示されていない場合が多く、指導期の設計手順を慎重に進める必要がある。

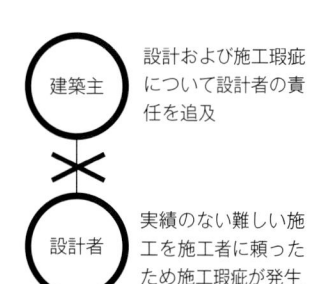

事例6　デザイン偏重と施工技術の不足

この事例は、経験の浅い設計者の未熟な設計・監理によって、建築主が多大の損害を被ったとして、施工瑕疵にかかわる設計・監理の責任が問われ、損害賠償金を請求された事例である。

独立して初めて住宅の設計・監理業務を受託した被告の設計者は、建築主から要望された工事費に対する設計予算の立て方にも未経験であった。当初数社の優良な施工会社に設計図書を提示し見積りを依頼したが、提示した目標予算に対して設計が要求するグレードが

建築主：設計および施工瑕疵について設計者の責任を追及
設計者：実績のない難しい施工を施工者に頼ったため施工瑕疵が発生

VE ➡ 10-3-1
CD：Cost Down の略。VE が仕様を変えずに減額を目指すことに対して、単純に減額することを指す。

あまりにも高すぎるとして、全社から見積もりを拒否さることになる。ようやく VE・CD を前提とした予算に合わせた設計の見直しを含めて応じてくれる施工会社を探し出し、工事請負契約締結に至った。ところが、その施工者は小規模で施工技術も下請けの業者とともに決して優良とは言えなかった。しかしながら、設計者は施工者の施工技術に対する判断もままならず、加えて自分の設計がどれほどの施工技術を必要とするのかについての知識もないまま、要求される基本的性能を満足させることまで、すべての面で技術力の低い施工者に頼る始末であった。

この結果、屋根だけでなく外壁からも漏水が散発的に起こり、断熱不良による結露とその結果のカビの発生、内壁の至るところでのひび割れの発生するなど、深刻な瑕疵が発生した。

このことに怒った建築主は設計者と施工者を糾弾するにとどまらず、第三者に診断を依頼し、その報告書をもとに２者に対して訴訟を起こした。裁判所は原告（建築主）の主張を全面的に認めて、被告である設計者と施工者に対して損害の賠償を言い渡した。

➡ 3 章

> **事例のポイント**
>
> 設計とは見た目のデザインをすることだけではない。このケースでは防水・断熱といった基本的な性能面の確保も完全に施工者任せとなり、当然、監理業務も希薄となり深刻な瑕疵を発生させたことが紛争原因となった。むしろそのデザインを成立させるため、細部の納まりや仕様の検討を地道に積み重ね、基本的な性能を満足しながら与えられた予算の範囲に収めるべく努力することこそ重要である。デザインしたのであとはよろしくと施工者に預けるようでは、設計者とは言い難い。発想力を軽視してはならないが、十分な実現能力が伴わなければ、取り返しのつかない事態に陥ってしまう。

施工瑕疵に対し
損害賠償請求

建築主
設計料の
天引き
設計者
紹介業者
設計者

設計料の不足による
設備設計不備が招い
た施工瑕疵

事例 7　設計者紹介業者が介在した場合のリスク

設計業務を得るための営業は、独立したての設計事務所なら誰にとってもこれといった解法のない難しい課題である。とかく資格取得や技術獲得のための勉強に多くの時間を費やしてきた設計者にとって、営業して仕事を獲得するなどというのはとんでもなく未知の領域に感じるものである。そういう設計者の苦手な部分を補完し、建築主との間を取りもつビジネスが登場している。しかしながら、無責任とも取れる言動によって引き起こされるトラブルも後を絶たない。

この事件の建築主は、自宅を建築するにあたってとくに設計者の

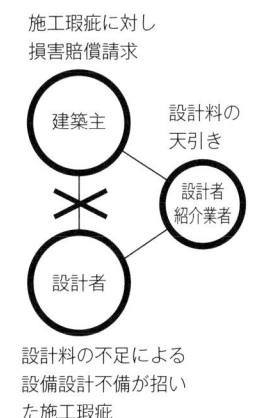

知り合いもいなかったため、とある設計者紹介業者にまず相談することにした。紹介業者は設計コンペを実施し、その結果、若い設計者の案が選ばれた。本来、建築主と設計者は設計・監理契約を結び、その報酬は建築主（委託者＝甲）から契約当事者である設計者（受託者＝乙）に支払われる。しかしこのケースでは、契約書でも「代理人（丙）」として併記された紹介業者がまず契約額の全額を受け取り、そこからおよそ1/2の額を乙の設計者へ支払うとされていた。実際に交わされた設計・監理契約の報酬総額は一般常識に照らしても妥当なものであったが、仲介料を差し引かれた設計者は、不当に低い金額で業務をやりくりすることになった。設計者は実務経験に乏しいにもかかわらず、報酬額の中からでは設備設計者への再委託料を捻出できなかったので、建築図の一部に自ら給排水関連の機器配置や照明やスイッチなどのプロットをしただけの図面で、工事に進むこととした。住宅などの小規模な建築の設計では、よくあることだと紹介業者に聞かされ、一般的な対応とすら考えていた。

　請け負った施工者に十分な経験と技術があればこのような方法でも問題なく完成させることができる場合もあろう。しかし、このケースではそうではなかった。技量の乏しい設備業者と元請け工務店の不十分な施工管理が災いし、通気管配置ミスによる汚物や排水臭の逆流、換気量未計算による排気不足など、竣工後に多くの瑕疵が発生した。当然、建築主は激怒し、施工者のみならず設計者に対しても損害の賠償を求める訴訟に発展した。

➡3章
➡5章

> **事例のポイント**
>
> 　このケースの場合、しっかりした設備設計図がなかったとしても、施工者に施工図を作成・提出させて、それを入念にチェックすれば瑕疵は防げたかも知れない。しかし逆説的ではあるが、そのような指示とチェックができるのであればそもそも自分で設備設計図を作成することもできたとも言えるだろうから、やはり設備設計料を出し渋るような状況に陥らないことが一番である。
>
> 　仕事を得るための多少の営業経費はやむを得ないこともあろうが、不当に低い報酬にもとで自分自身が身動きの取れなくなるような状況になってまで業務を受けて、かえって瑕疵を発生させては元も子もない。自分が責任をもって業務を遂行できる立場と報酬が確保できるように契約を締結するべきである。

建築主 ○ 設計案に満足できず監理拒否
　×
設計者 ○ 専門性の高い施設は設計できるが、住宅は苦手？

事例8　建築主と設計者の相性

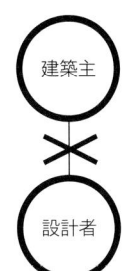

　この事例は、建築主が経営する事業所の新築にあたり、最上階に併設される自宅の設計を巡り、建築主夫人と設計者との間で起こった行き違いが紛争に発展した事例である。この事業所は、高度な専門性を必要とする種類の用途の建築で、建築主は同様の設計経験のある設計者を探して設計・監理業務を依頼した。設計者は今までの経験を生かし、建築主の要求に機能的に応えられる設計を行い、建築主はその設計に一応満足した。一方、最上階の住居部分については、設計者は誠意をもっていくつもの計画案を提示したが、夫人の満足を得るまでには至らなかった。夫人からは住宅の設計経験がないのではとまで言われ、住居部分の設計業務から外されることになった。しかし、設計者は建築全体についての確認申請などの法的な対応を受けもっていたため、住宅部分については別のインテリアデザイナーが設計を担当したが、夫人の要望に沿った図面で申請を通した。

　いざ工事が始まると、このような経緯から夫人は当該設計者による住居部分の監理業務を拒み、インテリアデザインを盗むからという荒唐無稽な理由で、住居部分への立ち入りを一切禁止した。結果的に住居部分については、設計者は監理業務が出来ないまま、竣工検査も外回りの検査のみ行うという状況であった。

　竣工後一年の瑕疵検査の時期になって、建築主はこの建物の施工瑕疵が多数あり、設計・監理業務の受託者である設計者の責任であるとして、損害賠償を請求した。その根拠として、第三者の建築士事務所が作成したという細かな瑕疵の指摘が「建築診断書」として提出された。その中には、駐車場の床面の亀裂や換気設備の不備、各室の扉の金具の不備、屋上のシート防水の施工不良、下水桝の接続不良などの施工瑕疵に混じって、設計者が監理業務をできなかった住宅部分の瑕疵も多数含まれていた。

　裁判では、設計者が建築主夫人の信頼を得られなかったことが、工事そのものにも大きく影響し、建築主が出席する現場会議が仕上材などの仕様で紛糾するなど、工程・工期の遅れが、ひいては施工ミスを引き起こし、それらが竣工後の建築主の不満につながったとの意見も出された。

　建築主の主張は、施工者が設計者の紹介であるため、この建物のすべての瑕疵は設計・監理業務を受託した設計者の責任が大きいというものであった。最終的に裁判では、指摘された瑕疵の調査結果にもとづいて、施工者と設計者の負担割合を算出して双方が損害賠償することとなった。

→3章
→4章

事例のポイント

このケースでは、建築主の夫人が設計に満足できないのは、生活レベルの差から設計者が自分の生活スタイルを理解できないという思い込みがその根底にあったという。それが強い不信感となってあちらこちらに波及したと考えられる。

住宅の設計では、往々にしてこのようなミスマッチが発端で争いとなる例が多いが、それらを理屈で乗り越えるのはなかなか難しいことも事実である。設計者たるもの、出来るだけ多くの経験を通して建築主の要求を理解する必要もあるが、個人の価値観もあり、建築主の要求が理解できないケースも出てくるだろう。いくら設計者に高い専門能力があったとしても、建築主との相性だけはどうしようもない場合がある。しかも、これが往々にして紛争の遠因となっていることが多いのだから、いかにして早い段階で相性を見分け、場合によっては手を引くことでリスクを回避するということも、設計の能力とは別に重要なセンスと言えよう。

もちろん、監理業務を行えなかった住居部分については施工瑕疵が発生しても監理責任を負わない旨の建築主への事前の説明が必要であったことは言うまでもない。

事例9　控訴して鑑定を覆した説明記録

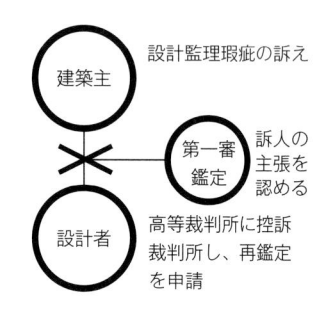

この住宅にまつわる訴訟事例では、竣工引き渡しも済み、入居しているにもかかわらず、建築主が設計・監理報酬の残金の支払いをしないどころか、設計者を訴えてきた。

ある夫婦が住宅を建てることになり、妻が熱心に設計者を探し求めた。自ら探し出した何人かの設計者を候補にあげ、中にはスケッチのやりとりもしたがなかなか契約締結には至らず、最後に、雑誌に掲載されていた住宅作品に魅せられて、ある設計者と出会う。当該設計者の主宰する建築士事務所を訪ね、さらにいくつか作品を見せてもらうことで、それまで出会った設計者たちとは違う相性を感じて、建築主夫婦の退職後の生活を見据えた住まいを、この設計者に託すことを決心した。

当該設計者の手による住宅は、実用と楽しさを兼ねた構成であった。しかし、この構成と外装として選択した材料が、その後の紛争の主な争点となった。

鑑定 → 12-2

訴訟がもち込まれた地方裁判所では設計者の完全敗訴となる。地方裁判所での鑑定書は、使用された材料は住宅に不適当な材料で、その中で生活する建築主の苦痛は同情に余りあるとした。また、建築主は、この建築の特徴的な構成に関し、「設計中は素人には理解

できなかった。これは設計ミスであるゆえ、設計料の返還、不具合部分の撤去を」と申し入れてきた。

地方裁判所敗訴の後すぐに、設計者は高等裁判所へ控訴し、住宅設計に経験の深い鑑定人による鑑定を申請した。高等裁判所はこれを認め、改めて鑑定書が作成されることになったが、その際に提出された設計者自身の記録が大いに役に立った。設計者が建築主の要望と期待の中でなぜこの形になっていったかを解説し、それらが基本設計時に建築主に適切に説明されていたという事実が判明した。さらに特殊な材料の使用についても、出会いのきっかけとなった雑誌に掲載されていた住宅が同じ材料を使用しており、初対面のときに訪れた設計者自身の事務所の建物も同じ材料を使用していたことが記録されていた。

この設計者は、基本設計完了時に設計内容をまとめて、建築主に説明しており、そのときの記録をきちんと残していた。厳しい予算の中で建築主の希望を満たそうと、工夫を凝らして形にしていったことが鑑定書の中でも解説されていた。その結果、「聞いていないし、聞いたとしても素人でわからなかった」という建築主の主張が崩れ、発注者責任をも求められて、設計者はわずかの手直しを命じられることで身を守ることができた。

➡ 5章
➡ 12章

> **事例のポイント**
>
> 設計をする場合、建築主をはじめさまざまな人々とやりとりをすることになるが、常日頃からそれらのやりとりを記録する習慣を身につけることが肝要である。記録内容は突然降りかかる理不尽な物言いに対しても、自身の正当性を証明する有効な根拠になることがある。
>
> 設計そのものについては大学等で教育を受けるが、建築主とのコミュニケーションや記録の重要性については、およそ教わることがない。しかし、実際の社会では、いろいろな人がいて、勘違いも取り違えも往々にして起こるものと考え、常に記録を取っておくことが自分の身を守るということを知っておく必要がある。この事例での建築主と設計者も、出会って設計を始めた当初は良好な関係にあった。親密な両者の関係が一転悪化したのは、多忙な設計者がメールの代筆を身内に頼んでいたことで不信感が芽生え、結果的に建築そのものが受け入れられず訴訟になったという。何がきっかけで信頼関係が崩れるかわからない。人間関係にはそうしたリスクが常に内在している。業務日誌や日記などでも証拠となり得るので、記録の作成や保存に対してはまめであることを心がけたい。

13-1-3 監理業務にかかわる事例

従来は工事に起因する不具合等で施工責任を問われるのはもっぱら施工者のみであったが、最近は施工者と同時に監理者が不具合を見過ごした責任を問われるケースが多くなってきている。監理業務の責任範囲は限定しにくい面もあるため、監理責任と施工責任の境界が曖昧となる場合があり、紛争に至ることも多い。

事例 10　施工者が破産した場合の施工瑕疵賠償責任

無理な工事費で施工を請け負った施工者が十分な技量の下請けを起用することができなかったことから、建物のあちこちに重篤な瑕疵が発生した。数々の瑕疵により多大な損害を被ったとして、監理者および施工者を相手に、建築主が損害賠償金を請求する訴えを起こした。

訴訟では監理者に対して監理責任が問われたが、同時に施工瑕疵について訴えられていた施工者が訴訟の途中で破産宣告をして、訴訟から外れることになった。そして、その事態に対する裁判所の判断は、施工瑕疵の分についてもすべて監理者が賠償責任を負うべきというものであった。

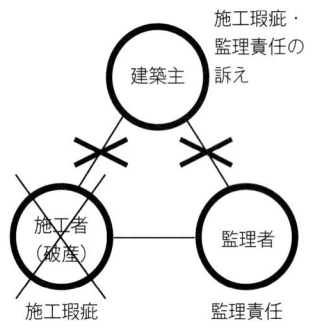

施工者の破産により設計者がすべての瑕疵の債務を負う

➡ 5 章

事例のポイント

損害賠償訴訟の相手がこの事例のように 2 者である場合、民法の契約に関する規定で、2 者に対して賠償金を請求することができる。したがって、最終的に請求額が妥当と判断された場合は、共同して賠償することになるが、そのうちの 1 者が訴える相手から外れた場合は、残った方にすべての請求がなされることになる。すなわち、報酬を大幅に上回る支払い責任を負うことになりかねない。このような事態を避けるためには、監理契約の中で、監理業務の内容について詳細に記すことが必要となるが、実際には難しいことでもあり、施工瑕疵を発生させないように監理業務を行うことでしか防ぎようがない。万が一瑕疵が生じてしまった場合は、施工者とともに建築主に誠意をもって対応し、訴訟を回避するように注力すべきであろう。また、経営不安のない技量を伴った施工者を選定することが重要である。

事例 11　名目上の監理者となった建築士の賠償責任

設計業務および建築確認申請業務を委託された建築士が、建築確認申請に際して、契約外である工事監理者の欄にまで自らの名を記

確認申請 ➡ 8 章

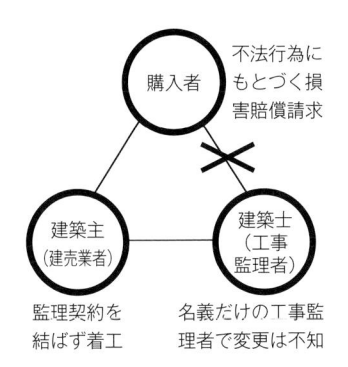

載し、提出したことによって、工事監理者責任を問われ、損害賠償する羽目になった。

建築主からは実際の工事監理業務は不要と言われ、一方で建築確認申請には「工事監理者」欄への記載が必要なため、建築主から慣例だと言われるままに記名押印して申請を提出、確認済証を取得して工事が始まった。施工者であり、建売業者でもある建築主は他のどの建築士とも監理契約を結ばずに、設計図書と異なった工事を進めて竣工、建て売り住宅として販売した。当該建築士は契約外となる施工段階には一切関与せず、設計と違う工事がなされていたことを知る立場になかった。その後、住宅の購入者が不具合に気づき、工事において構造上の欠陥があることが判明し、購入者は建築確認図書を盾にこの建築士を不法行為にもとづく損害賠償で訴えることとなった。

裁判所は、建築士に対して、工事監理者として自らを記載した以上、自身で工事監理を行わないのであれば法令に違反しないよう、工事着手までに建築主に対して工事監理者を立てるよう申し入れをすべきであったとし、それにもかかわらず責任を放置したのであるから不法行為に該当するとして、当該建築士に損害の１割について賠償責任があるとした。その額は、建築士が得ていた報酬をはるかに上回るものであった。

> **事例のポイント**
>
> 建築確認申請に限らず、関係する法令への正しい理解がないと、設計者である自分自身が痛い目に遭う。このケースでは、監理業務は委託できないが工事監理者として名だけ入れて欲しいと言われた時点で、その建築主を疑い、業務から手を引くくらいの慎重さが必要であった。建て売り住宅のような建築物では、往々にして原価を抑えて利益を上げるために、このような申し入れをする建築主（＝事業者）が後を絶たない。工事監理者となる建築士は、そのような不当な行為の片棒を担がされないようにしなければ、名義貸しなどの公法違反（行政処分）も同時に科せられ建築設計という職域から自ら退場せざるを得ない状況に陥ってしまう場合がある。

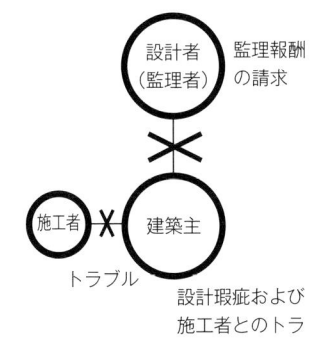

事例 12　建築主と施工者による設計変更と監理業務

設計者の頭越しに、施工者と建築主との間で設計変更や工事費についてのやりとりがなされた結果、設計者が作成した実施設計図書と、施工者作成の VE 案の２種類の設計情報が未整理のまま併存した状態で工事が開始され、加えて、ことあるごとに建築主と施工者の言い争いが起こるようになり、あげくには、建築主が工事の中断

13-1　テーマ別に見る紛争事例　143

を申し入れる事態となった。ここで設計者が調整に乗り出し工事は再開されたが、矛先が設計者にも向かい、責任は設計者の設計・監理業務の不履行の結果であるとして、監理業務費の支払いが拒否されるに至った。

この裁判では、建築主は、設計者がその能力を偽り設計業務を受託したことが原因で、追加変更工事の発生という事態を招いたと主張した。さらに監理業務については、建築主と施工者の間の争いについても適切な処置が取れず、工期の遅れや工事費の査定などで建築主に多大の損害を与えたと主張した。

裁判所においては、建築主の主張は説得力に乏しく、設計者の主張がほぼ通る形となった。しかしながら、建築主と施工者との打合せによって工事請負契約の内容が変更されたにもかかわらず、設計者が未訂正のままの設計図書で監理業務に携わったことについては、まったく責任がないとは言えないとして、設計・監理業務に対する支払い額は一部削減とされた。

➡ 4-3

VE ➡ 10-3-1

> **事例のポイント**
>
> 監理業務が適切に行われるためには、もとになる設計図書が必要になる。とくにVE案が認められた場合は、それらを反映した設計図書を整備しなくてならない。
>
> この事例での争いのそもそもの原因となったように設計者や監理者不在の施工者と建築主との2者協議は、なにかとトラブルを招きやすいものである。まずは、円滑な工事進行の妨げとなるこのような行為を慎むよう建築主に理解を求めるとともに、基本的立場や原則に無関心な施工者が選定されないよう、最大限の注意を払う必要があろう。

13-1-4 施工者にかかわる事例

誰も、設計者のわがままを実現するためにボランティアで工事をしたりはしない。設計者の片務的な業務の進め方によって、施工者に対する十分な配慮がなく不当な損害を与えるときには、施工者に訴えられる場合もある。

事例13 工事費の超過は設計者の責任

施工中に工事費の調整をするとして見切り発車したが、予算超過のまま完了し、建築主が超過分の支払いを拒否した事件である。

設計者が従来にないシステムを開発して設計を行った。指名を受けた施工者は、設計図書について適切な施工計画が立てられないまま積算をし、予算を超過した見積りを提出したが、設計者は施工中に減額案を提示すると言って説得し、予算に合わせた請負金額で工

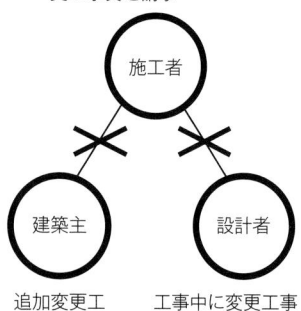

事契約が取り交わされた。

　しかし、工事は適正な施工計画が立てられないまま進行し、契約前に約束された設計者による減額のための設計変更や施工上の工夫も十分に提示されなかった。工期を大幅に延長しながらなんとか竣工はしたものの、施工者からは追加変更工事分も含めて、請負額の2倍近い請求が建築主に提出された。建築主は、追加変更工事の指示は設計者から出されたもので関知せずと突き返した。そこで施工者は、設計者と建築主に対して新たに追加損害賠償金の請求の訴えを起こした。被告となった設計者は、原告が提出した追加変更工事については、変更および追加の指示があった場合はその都度見積りを提出した後に、監理者の承認を得て工事にかかるという着工時の約定に従っていないとし、ほとんどの変更指示を認めたものの、その費用弁済は拒否した。

　裁判では、追加変更工事の指示および施工の状況などを把握するべく、設計者に監理記録、施工者に工事記録の提出を求めたが、どちら側からも正式な記録は提出されなかった。加えて、現場会議等の議事録もなく、監理者が現場に来た記録や、現場会議の出席者名簿といった記録も提出されなかった。

　以上のような状態で、裁判所は、追加変更工事分については建築主もそれによる利益を得ているとして、3者等分の痛み分けとしたが、設計者にとっては設計料を超える賠償金の支払いを決めた。

➡ 9-1
➡ 10-3

> **事例のポイント**
>
> 　建築設計者に対して世の中の人々が抱くもっとも一般的なネガティブイメージは、自己実現のためだけにこだわった設計をして予算の大幅な超過を招くというものだろう。実際には設計者だけの一方的なわがままだと断定できない場合も多いが、この事例から得られる教訓は、限りなく普遍的である。すなわち設計者は設計図によって予算を確認し、建築主と施工者はその設計図書をもって工事契約を締結する。当該設計図書からの変更は逐次工事費の増減を確認し、建築主の合意を書面で得てから実施に進む。予定外の事項についても必ず3者で協議し、確認をした上で先に進む。その都度、書面による記録をつける。トラブルを未然に防ぐ基本は、そんなに難しいことではないはずである。この基本をなおざりにすると、あっという間に紛争に巻き込まれることになる。なお、一般に監理者には追加、変更による工事費の増減を承認する権限はないとされている。

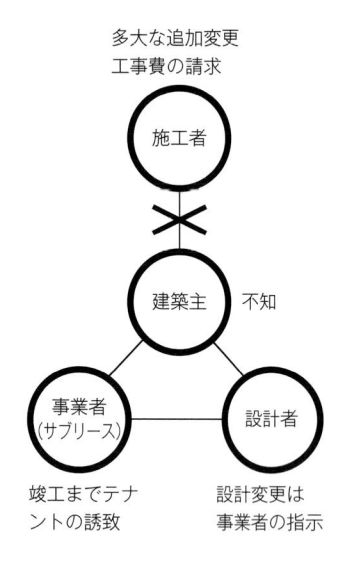

事例 14　設計変更に伴う超過工事費の負担

　この事例では、大幅な設計変更にかかわる工事費の増額に対して、建築主は不知であるとして請求に応じず、訴訟になった。

　建築主が所有する土地に、ある企業が事業を計画して建設費を出資し、計画した事業に適した建物の建設を地主である建築主に依頼した。建築主は、建設された建物を、出資した企業に丸ごと貸して（「サブリース」という）、その賃貸収入を得ながら建設費の返済も行う計画で、よくある土地活用事業手法の一つである。

　工事を請け負った施工者が順調に工事を進めて建物が竣工すれば、なんら問題にもならないはずであった。しかし、この事例のような事業ではそのモデルの性格上、建設費は大抵最少限に組まれることが多く、厳しい工事予算設定のもとで、施工者は工事を進めなければならない。

　この事例では、サブリースをした企業が、テナントの見通し状況などを根拠にプランの変更を要請、設計者は現場進行中にもかかわらず構造も含めて大幅な設計変更を強いられたことが紛争の原因をつくった。設計者は、当然の措置として、設計変更の工事にかかる前に設計変更工事の見積りを出し、建築主が承認したのちに施工するように施工者に指示した。しかし、厳しい工程の中で進行を強いられている施工者は、いちいち設計変更工事の見積りを出す余力がなく、竣工間近になって大幅な工事費の増額を提示した。間の悪いことに、社会情勢の変化によって建設資材が高騰し、それが現場の予算を大幅に浸食しており、施工者は経費面での余力がない状態となっていた。さらに現場所長が大規模な工事でしかも予算の厳しい現場の経験に乏しかったということも影響し、コスト管理が上手くできていない状況にもあった。増額分を請求された建築主は、設計変更はサブリースした企業が設計者に変更を指示したのであって、工事請負契約をした建築主に責任はないと主張し、裁判となった。

　裁判所は、施工会社から出された追加変更工事の膨大な積算資料の整理と徹底的な調査が行い、サブコンからの請求書の偽装や不適切な工法による過大な請求が明らかにした。そして、適正と判断した追加変更工事の割合を全体の請求額にかけて、最終的な追加変更工事の金額を算出した。

サブコン：施工の下請けとなる専門工事業者

➡3章

> **事例のポイント**
>
> 　設計者は社会情勢の変動が現場に影響する可能性も考慮して、変更工事の見積りの提出をその都度求めること等はもちろんであるが、このケースでは自らも概算を把握し、その結果を受けて、設計変更を要請したサブリース企業や建築主に早めに報告し実施の是非を確認するなど、注意深く対処すべきであった。この現場では、厳しい工期の中で設計者と施工者の関係は大変良好であったと推測されるが、工事費の増加の対処で訴訟となったのは、現場の人間関係というより、設計者を含めた建築主、サブリースした事業者、そして施工者の企業同士のコミュニケーション不足が原因といえる。設計者もこのような争いに巻き込まれれば訴訟の場に立たされる羽目になるということに注意すべきである。
>
> 　設計変更にかかわるコスト管理を施工者任せにすることは、工事費全体のコントロールの放棄につながり、結果的に建築主に不利益をもたらす。建築主と設計・監理者とがコストに関して常にコミュニケーションを密にすることの重要性をしっかり意識して、計画を進める必要がある。

13-2　事例から学ぶ紛争を回避するポイント

> 紛争事例に共通している点は、相互に期待を抱き良好な関係の中にプロジェクトが開始され、当初まったく予想しえなかった要因によって信頼関係が毀損され、紛争へと発展していることである。目前のタスクが将来どのような事態につながりかねないかを常に予想しつつ確実に実施すること、そして、それでも起こり得る予期せぬ事態への対処法を当事者双方で事前に合意し、講じておくことが、良好な関係の維持と信頼関係の醸成に、ひいては紛争の回避につながる。

　これまで見てきた紛争事例には、業務を進める際に、誰にでも起こりうる事態とそれを回避するための注意すべき事項が具体的に示されている。これらの事項は紛争リスクを下げるだけでなく、万が一紛争になった場合に自らの主張を立証する証拠になり得るなど、法的防御の強化にもつながる。

　紛争にならないために重要なことは、まずは建築行為が基本的に建築主と設計者の共同作業であるという意識を常にもつこと、そして、共同作業には互いの信頼関係が不可欠であることも同時にしっかりと認識することである。建築主は設計者を選定し、日々の暮らしに深く影響する住宅の設計、あるいは事業の成否を左右しかねない施設の設計を託すことになる。通常、建築主と設計者は互いに相手を十分には知りえないうちに、ある意味では期待と不安の中に、共同作業を開始することになるため、この共同作業のプロセスは同時に信頼関係醸成のプロセスでもあるという認識が重要になる。

　優れた設計を提案し期待に応えることはもちろん必須だが、時機を逸しない正確な報告、理解されやすい丁寧な説明、思い違いや行き違いをなくすための確認、作業を確実に進めていくための記録などは共同作業を円滑に進行させ、同時に信頼を深めることに大きく貢献する。これらのことは、共同作業を実りあるものにするはずであり、業務の質を向上させ、最終的には、建築主と設計者がその成果をともに喜び、分かち合うことにつながる。

　不幸にも共同作業の一角に狂いが生じ、期待が失望に変わり不安が増幅され、信頼が失われ紛争に至ったケースを見てきた。重要なことは、建築主も、設計者も、施工者も、互いの立ち位置と役割を尊重しつつ自らの責務を全うするとともに、良い建築は信頼に裏付けられた良い共同作業から生まれるという認識を関係者が心底から共有することにある。

（1）書面契約と契約のタイミング

　関係者の責務を規定する契約は共同作業の開始には不可欠である。事例1や事例4に見られるように、適切な時期に建築主と設計・監理委託契約を結ばないと紛争の火種となる。書面での契約を徹底し、事例2や3のようにさまざまな事由で建築主の求めが実現できなかった場合も、設計者の行った業務に対する報酬を支払う旨を契約書に明示する。仮にやむを得ず、書面での契約がなされないまま業務を行う場合でも、重要事項説明や書面の交付は確実に行い、少なくとも手紙等で業務に入っている証跡を残すことが大切である。

（2）建築主、施工主との合意形成の記録

　設計者は設計業務を遂行するにあたり、建築主や施工者と綿密な打合せをしながら設計内容を決定していく。すでに他章で述べたように、一定規模以上の建築物の設計・監理委託契約については文書での締結が義務化されたが、小規模での契約の書面化はすぐには徹底されないので、また、事例6か7からわかるとおり施工者の技術レベルを想定しながら施工者との合意形成を図ることも重要である。

（3）監理業務における、施工者との議事録や検査記録

　事例10、11のように思いもしない事態によって監理者にも施工の責任にもとづく損害賠償を引き受けなければならないリスクが存在する。事例12に学ぶように、業務範囲があいまいだからこそ、他者が見ても合理的であると判断できる方法による監理の実施と施工者への適切な指示を行い、加えてその記録に残すことがリスク回避につながる。

（4）設計者、建築主、施工者の3者のバランス

　建築は3者の共同作業によって構築されるが、不具合が発生による2者間での争いが不在者を巻き込む紛争へと突き進む可能性がある。事例13の施工計画の杜撰さや事例14の設計変更に伴う大幅な予算超過などは3者のどこかに負荷が偏り、紛争に発展しやすい。工事費や工期関してトラブルが生じそうであれば、必ず3者で協議してトラブルを未然に防ぐ努力をすることが大切である。

14 建築設計者としての生き方

14-1 建築紛争に対する心構え

「裁判の迅速化に関する法律」にもとづき、建築関係訴訟に関しても迅速化を図るべく努力がなされている。調停委員、鑑定人として専門家を推薦するなど建築界から法曹界に対する支援も行っているが、設計者自らが紛争に関心をもつことが重要である。

14-1-1 建築紛争への設計者の姿勢

設計者の中には、建築設計の研鑽のための時間を建築紛争の学習に割くことに対して違和感を覚える人も多いかもしれない。しかし、表14.1のように年間2,000件以上もの建築紛争が発生している今日、建築紛争に巻き込まれたらそれ以上の時間とエネルギーをその解決に注ぎ込まなくてはならなくなる。もちろん、リスクを回避する方策を講じることは大切であるが、設計者のリスクはゼロになることはない。紛争に巻き込まれてから関心をもつようでは遅いのである。建築固有の技術的内容が裁判官や弁護士等にとって通常業務の範囲では扱わない特殊性があるのと同様に、紛争処理、ましてや訴訟というのは、建築設計に携わる者にとって特殊な出来事であり、多くの場合、日常的な関心事からはかけ離れていると推測される。しかし、紛争には相手がいる以上、自身の関心の有無とは関係なく襲ってくる。それに備え、多少なりとも紛争の状況に対して関心をもつことが必要である。

表 14.1　建築関係訴訟件数の動向

事件分類	平成 18 年	平成 19 年	平成 20 年	平成 21 年	平成 22 年	平成 23 年	平成 24 年
建築請負代金請求事件	1,725	1,819	1,868	2,037	1,787	1,672	1,780
建築瑕疵損害賠償請求事件	511	483	523	455	446	438	452

注）裁判の迅速化に係る検証に関する報告書（第5回、平成25年）より作成

また2章で示したとおり建築関係訴訟は、裁判の中でも審理期間が長いことから、2003（平成15）年に施行された「裁判の迅速化に関する法律」にもとづき、建築関係訴訟についても審理期間の短縮が検討されている。裁判所では定期的に勉強会を開催するなど建築紛争の特殊性への理解に努力を講じている。また、日本建築学会では、1章でも述べたように司法支援建築会議を立ち上げて、会員

の専門性における適性をデータベース化し、調停委員、鑑定人選定の時間短縮を図るなどの協力を裁判所に対して行っている。

さらに建築紛争の結果は、決して当事者間だけの問題ではない。もちろん、訴訟においては法的な解決として個別に判断が下されるが、その判断は決して個別ではなく、また別の判断に受け継がれていく。そういった意味で紛争は他人事ではない。建築の専門性ゆえに設計者にとって間違った判断がなされ、さらにその判断が次の判断に影響を及ぼし、蓄積されていくと、それこそ設計のリスクは計り知れないものになる可能性がある。

14-1-2　紛争は宝の山

このような問題に対処するために、日本建築学会が推薦する調停委員や鑑定人の活用も含め、建築の専門的な意見が裁判所の判断に反映されるよう、さまざまな努力がなされている。これも重要なことであるが、設計者が紛争に巻き込まれないためには、むしろ建築設計者自身が法的な問題に対して積極的に関与していくことが必要であることは本書で再三述べてきたとおりである。建築界が紛争に関する適切な情報を提供し、建築設計者が紛争を共有することができれば、今後生じる建築裁判における適正な判断に役立つばかりでなく、建築紛争そのものの減少が期待される。

また、紛争とはある意味で建築生産の問題の露呈や失敗の結果と見ることができる。科学において失敗が重要な発見につながるように、あらゆる場合において失敗は成功のもとである。つまり紛争を前向きにとらえる心構えが必要である。紛争となった事象を設計者という個人の体験としてだけでなく、できる限り共有化し、その原因と問題解決のための方法が学術的にも明確化されることが望まれる。

極端にいえば、紛争を秘すべきことと考えるのでなく、より良い建築の発展のための宝の山と考える発想の転換が必要である。設計者が積極的に紛争と向き合う姿勢をもつことで、建築とそれを取り巻く社会がより良い方向に発展することにつながるはずである。

14-2　紛争から学ぶこと

紛争から学ぶことで結果として建築設計者が萎縮することなくその役割を果たすことが可能になる。紛争を恥ではなく、学習の機会と捉え、前向きに取り組む必要がある。

14-2-1　紛争を回避する

➡ 4章
➡ 5章
➡ 7章
➡ 8-4
➡ 10-3

　紛争に巻き込まれないためには、契約、設計、監理、あらゆる場面において、紛争となる場合を念頭におきながら、建築主と誠心誠意をもって協議していくことである。とくに設計変更が問題になりやすい。したがって、すべてにわたり、議事録をとり、それについて了解事項を確認しながら、仕事をしていく必要がある。

　設計という行為は、多面的である。本書で紹介してきたように、建築設計者にはデザイン能力が当然要求されるが、コミュニケーション能力がいかに重要かを認識してもらいたい。コミュニケーション不全により、些細な問題が大きな問題へ展開してしまう場合もある。また、建築主の組織のトップや担当者が代わったり、施工会社が倒産したりと社会的変動やトラブルによって、関係者そのものが入れ変わってしまう場合もある。建築では自らが招かなくても事件、事故は必ず起こる。しかしながら、それを想定、予想しながら建築主、施工者と協力して良好なコミュニケーションの状況を保ち、解決する努力をしていく必要がある。建築設計とは想像力の仕事でもある。想像力と創造力を十全に発揮し、次に起こるであろう問題を考え、対処していかねばならない。想像力は空間を発想するだけではなく、相手の気持ちや社会の変動に対応できる能力としても建築設計者に強く必要とされる。

　日本の伝統的な仕事では、「あうんの呼吸」や「空気を読む」という曖昧さに大きな意味や美徳をもたせることがあるが、さまざまな意識をもつ建築主に対応するためには、きちんとした書面、記録、了解が必要である。そのための時間を惜しんではならない。建築設計という崇高な仕事が泥まみれになることを防ぐためには、設計者、建築主、施工者はそれぞれの役割を確認しながら仕事を進めていく必要がある。

　そのためには節々において互いにプロジェクトの進捗を確認することも重要である。たとえば設計の着手時、基本設計終了時、実施設計終了時、工事監理終了時という各節目において、関係者がしっかり内容を確認することが必要である。さまざまな事情によって設計契約が締結されない場合でも、手紙やメールで実質的に設計が開始されていることを十分証明できる記録を残していくことも有効である。そのようなことを怠ると、紛争によっては設計者としてきわ

めて困難な状況に陥る場合がある。

また、人間には思い込みやミスが付き物であり、完璧を期したとしても、不幸にして設計瑕疵が発生する場合もある。そうした状況に対する備えの一つとして賠償責任保険に入ることも必要なことであり、しっかり補償体制を整えることは、職能人としてきわめて重要な行動である。海外では高額な保険に入らなければ、設計者として設計契約ができない国も多い。わが国では保険の必要性を建築主が理解している場合は少ないが、契約協議の段階で保険について説明しておくことは重要であろう。

14-2-2　紛争という困難に挑戦する

➡10章
➡11章
➡12章

紛争とは設計者が望まなくても、向こうからやってくるものである。感情的な場合もあるし、また経済的な戦略の中で、設計者を訴える場合、不幸にして設計瑕疵があり、それによる損害を弁償するよう訴えられる場合も多い。このような場合、設計者は全力でこの問題に対処する必要がある。もちろん法的に弁護士の支援を受ける必要があるが、技術的な事項を扱うことが多く、代理人に任せっぱなしにしていると最悪の状況になるケースも少なくない。裁判所に対する専門家の支援も少なかった時代、裁判官が判断を下すのに多くの時間を要したため、建築紛争はかつて3年以上争われるケースが多かった。現在では建築学会をはじめ、建築の専門家が調停委員や鑑定人、専門委員という形で裁判所を支援している。訴えられた設計者はとにかく積極的にかかわっていく姿勢が大切である。弁護士に任せるのではなく、自らが前面に立って考え、学習し、行動する必要があるのである。

14-2-3　紛争という学習の機会

➡13章

紛争に巻き込まれたら、発想を転換し建築設計者の貴重な学習の機会と捉えるとよいだろう。紛争の原因が何かを掘り下げることは、自らの設計の仕方、仕事の仕方の問題点を明らかにすることでもある。若い頃に住宅などの仕事で訴えられ、あるいは訴えるなど困難を体験することは設計者にとって必ずしも悪いことではない。むしろ、そこからいかに学ぶかが大切である。紛争はある意味で宝の山でもある。自分自身の問題だけでなく、どのようにして紛争が起こるのかという意識をつねにもち、学習しておくことは、リスクに対する防御を高めることでもある。結果に落胆せず、学びの姿勢をもっていれば、次に生かすことができる。大事なことは学ぶことであり、学ばない人は、失敗を繰り返し、やがては建築設計という舞台から退場せざるを得なくなってしまう。

そして、設計者はその問題を個人的な経験として捉えるのではな

く、広く建築学会等を通じて共有し、基準やガイドライン、社会システムをより良く変えるよう発信していく必要がある。すなわち設計者はそれぞれの仕事を通じて、そこでの問題を共有化していく努力が必要なのである。そうすることにより、地域、都市、国の環境をより良いものに変革していき、その環境価値を向上させていくことができる。

14-2-4　社会システムを改善し続ける

　建築設計とは、社会的資産をつくりあげるものであるから、社会システムとしての建築関連法規や基準を遵守する必要がある。しかしながら、時代の変化に伴う社会的な環境変化によって、美しい都市景観、安全防災的な都市環境をつくるために整備されてきた法令が、十分に機能していない部分もある。建築紛争で、とくにその精度、性能において争われる場合には、建築学会の基・法準がそのベースとなる場合が多い。紛争は建築生産の問題が露わになった事象であるから、それらをフィードバックして、より良い建築をつくるための新たな技術基準の改定など、検討が行われる必要がある。都市計画的な問題においても、良い環境をつくることに多くの現行の法制度がすべて機能しているわけではなく、まだ多くの問題点が内在している。

　美しく活気ある都市環境をつくるために不合理であるとさえ考えられる法規もあり、現在の社会システムにおける問題点を改良改善するために努力を要する部分が認められる。それゆえに建築設計者としては、現在の法規に甘んずることなく、より良い環境づくりのために社会システムや法規を変えていく努力をし続ける必要がある。

あとがき

　2014年日本建築学会司法支援建築会議運営委員会において本書の企画が承認され、第1回の編集会議が2014年4月15日に開催された。編集委員会は60〜70歳代のベテランと30〜40歳代の若手設計者で構成され、ベテランと若手、両者の視点で議論し各章をまとめあげていった。ベテランが司法支援から得た経験による知見と、若い世代の設計における現場意識とが融合し、有効な議論を経て本書の内容に反映された。同時に、この編集会議が若い世代への知見や問題意識の継承の場として機能したように思われる。

　2014年10月に行われたシンポジウムにおいては、建築紛争を未然に防ぐためにはどうすればよいか、そしてその視点も含んだ設計実務教育のあり方について議論する場として、多くの参加者に聴講していただき、本書の意義と内容の再確認が図られた。また、シンポジウムに登壇していただいた横浜国立大学の北山恒教授、千葉工業大学の石原健也教授にはプロフェッサーアーキテクトの立場より「良い建築とは何か」、「良い環境とは何か」という視点の中で、建築設計者の役割と課題を失わないで欲しいという要望をいただき、技術論や法律論になりがちな方向を見直す良い機会となった。

　司法支援建築会議の設置後、構造計算書偽装事件を契機として建築士法、建築基準法の改正等があり、建築士の資格においても大幅な変更が行われた。今後も社会的変化の中で法的な環境も変化していくことが予想され、本書のような建築生産に関する法的知識を得られる書籍が時代とともにより一層求められると思われる。建築紛争は常に建築生産の負の結果という側面ももつからこそ、そこから学ぶことは多い。建築生産における学術的な研究の場としても未開拓地が広がっており、建築設計に一助をもたらす鉱脈が眠っていると思われる。今後の司法支援建築会議の活動とともに、わが国の建築設計における実務教育がさらに向上することを願うものである。

　建築設計とは公共的価値を創造するやりがいのある仕事であるにもかかわらず、紛争に限らずさまざまなリスクと戦わねばならない。しかし、本書の副題にもあるように、リスクを恐れず負けない設計者、挑戦する設計者として、若い人たちに活躍してほしいと願っている。本書がそのリスク克服のためにささやかでも役に立つことを期待したい。

「建築紛争から学ぶ設計実務」編集委員会
主査　　仙田　満

索引

欧文

ADR	13, 119, 129
ADR法	13
BIM	8
CM方式	26
JV	33
PAL*	83
PFI	33
PM	63, 132
QBS	24
UIA	5
VE	107, 143

あ行

アカウンタビリティ	105
あっせん	115
一次エネルギー消費量基準	83
一括委託方式	47
一括請負方式	26
一括再委託	58
一定の建築物	93
一般競争入札	27
一般図	46
インフォームドコンセント	105
打合せ記録	118

か行

概算工事費の検討	41, 134
確認申請	84, 142
過当競争	133
仮使用の承認	92
間接経費	69
鑑定	15, 128, 134, 140
監理	47, 95, 139
──業務の法的責任	110
──業務報酬	71
──責任	110
自主──方式	47
第三者──方式	25, 47
管理建築士	30, 57
完了検査	91
期日	15
擬制陳述	123
羈束行為	84
規定	
建築基準関係──	89
集団──	85
仕様──	44
性能──	44, 85
単体──	85
基本計画	40
基本設計	40, 131
行政処分	53, 84, 98, 110
行政罰	98
競争入札	27
業務独占	56
業務報酬	
──基準	65
──の請求時期	70
監理──	71
設計──	71
許可申請	84
記録の重要性	53, 140
苦情の解決	116
クダカン	47
計画変更	91
刑事事件	116
軽微な変更	91, 107
契約	
──者としての責任	7
──自由の原則	99
──上の説明義務	106
──書類	117
──責任	99
──締結の時期	61, 149
──の締結	59, 131, 134
請負──	103
営繕工事請負──	108
工事請負──	48
口頭──	60
準委任──	103
書面──	61, 149
二段階──	62
消費者──法	64
契約約款	99
建築設計・監理等業務委託──	64, 106
民間(旧四会)連合協定工事請負──	49
検査済証	54, 92
建設業法	30
建設省告示第1206号	68, 135
建築関連法規	29
建築基準関係規定	89
建築基準法	29
──改正[2007(平成19)年]	90
──施行令の一部を改正する政令	83
建築士	30, 52
──事務所	30
──管理	30, 57
中央──審査会	99
都道府県──審査会	99
日本──会連合会	76
日本──事務所協会連合会	60
建築士法	28
──改正[2006(平成18)年]	28, 45, 54, 57, 99
──改正[2014(平成26)年]	28, 52, 56, 58, 63, 67, 76, 118
建築主事	84
建築生産	21
建築設計三会	52
建築専門部	122
建築相談	116
建築四団体	64
公共施設	24
工事監理	30, 53, 95, 109, 142
──に関する標準業務	47
名目上の──者となるリスク	53, 142
公正取引委員会	68
構造計算書偽装事件	4
構造計算適合性判定機関	89
工程表	48
口頭弁論期日	123
公法	97
──上の説明義務	105
国土交通省告示第15号	37, 68, 94
コンストラクションマネージメント方式	26
コンペ	23

さ行

裁判の迅速化に関する法律	151
裁量行為	84
サラカン	47
事前協議	85, 133
下請代金支払遅延等防止法	64
質疑応答書	44
実施設計	41, 94, 133, 143
指定確認検査機関	86
私法	97
司法支援建築会議	11, 128, 151
指名競争入札	27
社会の規範	97
住宅瑕疵担保責任保険	76
住宅の品質確保の促進等に関する法律	31
住宅紛争審査会	120
集団規定	85
重要事項説明	60
準委任契約	103
省エネルギー法	83
紹介業者	23, 137
仕様規定	44

証拠	117
詳細図	46
証人尋問	124
消費者契約法	64
消防同意	89
情報漏えい	79
助成金制度	84
審査会	
建設工事紛争——	13, 119
中央建築士——	99
都道府県建築士——	99
建築——	90
住宅紛争——	120
審査請求	90
審理期間	15
生活関係	98
成果図書	43
性能規定	44, 85
セカンドオピニオン	132
責任	
（社会的）生産者としての——	7
瑕疵担保——	100, 103
過失——	100, 103
監理——	110
監理業務の法的——	110
刑事——	97
契約——	99
契約者としての——	7
公法上の——	97
債務不履行——	99, 103
資格者としての——	7
私法上の——	97
施工——	110
不法行為——	100, 143
民事——	97
無過失——	100, 103
施工	
——瑕疵	18, 136
——図	48
——責任	110
設計	
——業務報酬	71
——条件	39
——施工一貫方式	27
——施工分離方式	27

——図書	30, 44, 118
——変更	91, 94, 107
——前業務	37
基本——	40, 94, 131
実施——	41, 94, 133, 143
建築——三会	52
総合——制度	87
説明義務	104
契約上の——	106
公法上の——	105
職能上の——	104
標準的な設計業務等の内容に含まれる——	105
善管注意義務	100
造家学会	3
総合設計制度	87
双務性	95
訴額	15
訴訟	117
行政——	123
少額——	123
人事——	123
通常——	122
手形小切手——	123
訴状	121

た 行

大臣認定	87
単体規定	85
地方分権一括法	86
中間検査	91
仲裁	116, 120
調査・企画	39
調停	15, 119
直接経費	69
直轄・直営方式	26
積み上げ方法	135
当事者同士の話し合い	116
特定行政庁	86
特定住宅瑕疵担保責任の履行の確保等に関する法律	31
特定住宅瑕疵担保責任保険制度	76
特別経費	69
特命	27
取り止め	91

な 行

二段階契約	62
日本建築家協会	76
日本建築構造技術者協会	77
日本建築士会連合会	76
日本建築士事務所協会連合会	60
認否	123

は 行

破壊検査	48
バリアフリー法	79, 89
パルスター	83
判決	124
反論	123
標準外の業務	38, 48, 70
標準業務	38
工事監理に関する——	47
工事施工段階で設計者が行うことに合理性がある実施設計に関する——	42, 94
不誠実行為	98
ブルックス法	24
プロジェクトマネージメント	63, 132
プロポーザル	23, 136
分離発注方式	26
弁論主義	117
法規範	97
法規範以外の規範	97
本人尋問	124

ま 行

見積合せ	27
民間(旧四会)連合協定工事請負契約約款	49
民事事件	116
民法改正	31

ら 行

ランニングコスト	41
立証	117
略算方法	69, 135

わ 行

和解勧告	124

建築紛争から学ぶ設計実務
負けない設計者になるために

平成 27 年 4 月 30 日　発　行

編　者　　一般社団法人 日本建築学会

発行者　　池　田　和　博

発行所　　丸善出版株式会社
　　　　　〒101-0051 東京都千代田区神田神保町二丁目17番
　　　　　編集：電話(03)3512-3266／FAX(03)3512-3272
　　　　　営業：電話(03)3512-3256／FAX(03)3512-3270
　　　　　http://pub.maruzen.co.jp/

Ⓒ 一般社団法人　日本建築学会，2015

組版印刷・有限会社 悠朋舎／製本・株式会社 星共社

ISBN 978-4-621-08925-5 C 3052　　　　Printed in Japan

本書の無断複写は著作権法上での例外を除き禁じられています．